JN097243

マドンナメイト文庫

# 禁断レポート イキまくる熟女たち

素人投稿編集部

禁断レポート　イキまくる熟女たち＊目次



※投稿者はすべて仮名です

## 第一章

# 好色熟女が
# しとどにこぼす淫汁

# 兄との営みであられもない声を洩らす義姉が私の昂りに手を伸ばし、しごきはじめて……

山下隆之　会社員・三十七歳

長いこと、おふくろと兄貴の三人で暮らしていましたが、半年前に兄貴が結婚をして四人家族になりました。

嫁《とつ》いできた靖子《やすこ》さんは、兄貴より一回りも年上の五十二歳なので、最初おふくろは、「孫の顔が見られない」と嘆いていました。けれど兄貴の意志は固く、同居を条件に結婚が許されたようです。それに、内気な性格の兄貴がこの婚期を逃したら、一生独身かもしれないという心配もあったようです。

正直ぼくも、よりによってそんなオバサンと結婚しなくてもと思っていましたが、よくよく考えてみれば、誰よりもぼくが歓迎すべきだったのです。

早くに親父を亡くしてから、おふくろを兄貴一人に押しつけるような気がして実家を出られずにいましたが、いずれ、ぼくだって嫁さんをもらえば、ほかに所帯を構えることになるでしょう。

彼女が同居してくれたお陰で、いつでも、押し出される格好で堂々と出ていけるわけです。

もしも兄貴の嫁がもっと若かったなら、二世帯でもない家に同居するなんて、なかなか受け入れてもらえなかったのかもしれません。靖子さんには、そういった条件で相手を選んでいる時間的猶予《ゆうよ》もなかったのだと思います。子どももできないのだから、この先家族が増えて手狭になる心配もありません。

ただ、いまのところぼくには彼女もいないので、急いで出ていく理由もありませんでした。それでもいちおう新婚さんということで気を遣い、ぼくはおふくろと一階で暮らし、二階を兄貴たちに譲りました。

おふくろ以外の女が家にいることにも、想像していたほどの窮屈さはありませんでした。風呂場の脱衣所を開けっぱなしにしたり、裸でうろついたりという、これまでの習慣を直さなくても、ばったり出くわしたときにはニコッと笑ってやり過ごしてくれました。さすがは年配女性だなと思いました。

家事はどれもおふくろよりじょうずで、いろいろな料理をきちんと家族全員分作ってくれます。そのくせ出しゃばったところもなく、控えめで夫に尽くす献身的な彼女の様子を見るうちに、なんとなく兄貴が惚《ほ》れた理由がわかるような気がしてきました。内面のよさで好感を持つようになると、自然と外見もよく見えるから不思議です。

外で出会っていたら、ただのオバサンという印象で終わったのかもしれませんが、毎日近くで接するうちに、肌がとてもなめらかで白いことや、唇がふっくらしていてきれいなことに気づいたのです。

特別な美人ではないですが、女性らしいふくよかな体型と、上品な仕草のせいで、だんだんと雰囲気美人に見えてきました。

若作りしているわけでもないのですが、老いた母親と並ぶとさすがに若々しく見えるし、初婚の新妻らしく、家にいるだけなのに化粧をしていたり、兄貴好みの品のいい服を着ていたりします。

胸と尻が大きくて、ぴっちりした服を着ているときなどは、ときどきチラ見していましたが、兄貴の嫁だし、そもそも熟女趣味はなかったので、それ以上のおかしな妄想などふくらませたことはありませんでした。

ところが、あることがきっかけで彼女のことをとても意識してしまうようになったんです。

同居を始めてひと月ほどたったときのことです。

夜中にトイレで目覚めたのですが、二階からちょっと大きめの声が聞こえてきました。こんな時間に何を騒いでいるんだ？　ケンカでもしているのか？と気になって、足音を立てずに、階段を登りかけました。そうしてすぐにそれが、テレビの音声でも、言い争う声でもないことに気づきました。

ふだんとは別人のような、靖子さんのアノときの声でした。

「むっふぅ～！　ハァン、大きいのが奥まではいってくるぅ」

階段の陰からのぞくと、締め忘れたドアがわずかに開いていて、よく聞こえたのです。新婚夫婦の夜の営みなんて、考えてみればあたりまえのことなのですが、そうしてなまなましい声を聞いたことで初めて意識させられ、いやらしい姿を想像しました。まるで獣がうなるような彼女の声は、ふだんのしおらしい姿からは想像もつかないくらいに激しく、乱れていました。合間に兄貴のうめくような声と、ベッドがミシミシと勢いよくきしんでいる音も聞こえてきました。

好奇心にかき立てられて、そーっとドアに近づきましたが、細いすき間からでは中の様子を見ることができず、ただじっと声を聞いていました。

「靖子、もう許して。上でそんなに腰を振られたら出ちゃうよ、ハァ、ダメだ」

「いやぁん、待って、もっと欲しいの、アウッ！　クク～ッ、グアアッン」

二人のやり取りから、彼女が騎乗位で悶えまくっていることがわかりました。

自分の性的対象からはずれていた女だけに、未知の領域を垣間見た気がして、興味をそそられました。五十過ぎの女の性欲なんてもっと枯れているものだと思い込んでいたので衝撃だったんです。

欲しがる声が、若い女のものよりも切実に聞こえました。

耳を澄ましているうちに、情けないほど激しく勃起してしまいました。ドアの脇にしゃがみこんだまま、夢中でしごいていました。

靖子さんの声が、次第に掠れた悲鳴のようなものに変わり、クライマックスの訪れを伝えてきました。「イッちゃう〜!」という喘ぎ声と、肌が激しくぶつかるような湿った音が聞こえてきたので、急いでドアの前から立ち去ったのです。

部屋に戻って、耳に残る声を頼りにオナニーしました。

その日から、彼女のなにげない仕草にもドキッとするようになってしまったのです。

靖子さんが、スマホの操作方法を教えてくれと近寄ってきたときも、スマホをのぞき込む靖子さんの体が密着してきてドキドキしました。

腕のあたりに巨乳がぶつかってきたり、襟元から谷間が見えたりすると、あの声を思い出してムラムラしてしまうんです。台所に立つ靖子さんの後ろ姿を盗み見ては、その巨尻が兄貴の上で揺れ動くさまを想像していました。

朝も、玄関先で兄貴を送り出すときに、キスしているのを見てしまうこともあって、新婚ほやほやの現役であったことを思い知らされたのです。

澄ました顔をして、夜中にはAV顔負けの声でよがるんだよな、なんて考えながら、夫の横で静かに微笑む彼女の横顔を見つめたりしました。

そうするうちに、悶々《もんもん》として我慢できなくなり、悪趣味だと知りつつも、深夜、兄夫婦の部屋に耳を澄ますようになってしまったのです。

毎日確認したわけではありませんが、兄貴が酔って帰宅した日以外は、かなりの確率で声を聞くことができました。あの日以来、ドアは用心深く閉じられていましたが、壁に耳を寄せればバッチリ聞こえるんです。

あの夜も、激しい声のあとに兄貴が「中にいっぱい出すよ！」と言ったのを聞いて、そろそろ終わりだな、と部屋に引き返してきました。

勃起した股間を握り締め、アダルトサイトで慰《なぐさ》めるいつものパターンでした。動画をあさって、彼女に似たぽっちゃり熟女を見つけ出したんです。過去に見たことのないジャンルでしたが、最近すっかりハマっていました。

そのとき、ドアがノックされたので、ドキッとしました。

すばやく画面をオフにしてドアを開けると、パジャマ姿の靖子さんが立っていました。まさか盗み聞きがバレたか？　と、一瞬あせりましたが、

「ごめん、寝てた？　夫婦ゲンカしちゃったの。少しだけお部屋にいさせてくれる？」

と言ったので、内心ほっとしました。

それにしても、数分前まであんなに仲よく盛り上がっていたくせに、夫婦ってわからないものだなと思いつつ、彼女を部屋に招き入れました。

最近は、ぼくにも親しげに話してくることが増えていたので、愚痴をこぼしに頼ってきたことに違和感は覚えませんでした。

「ケンカなんて、珍しいね。兄貴は？　探しにくるよ、きっと」

実際ぼくは、そんなことよりも、いましがたオカズにしようとしていたいやらしい声の主が目の前にいることにとまどっていました。平然とふるまうのに必死でした。

「来ないわ。私がすねていても大いびきをかいて眠ってしまったの。ひどいでしょ？」

同意を求められましたが、内心では兄貴の味方をしていたんです。そりゃあ毎晩、あんなにヤリまくっていたら、出したとたんに疲れて寝てしまうよなあ、って。

勃起の治まっていない股間を見られるのを恐れて、電気はあえてつけず、枕もとのスタンドライトだけを灯《とも》しました。

部屋が狭いし、おまけに散らかっていたので、否応《いやおう》なくベッドに並んで腰かけることになりました。体が密着しましたが、彼女は気にしていない様子で、夫婦の悩みごとなんかを話していました。うなずいて聞くふりをしながら、疼いたままの下半身が再び熱くなってしまうのをこらえていたんです。

直前にあの声を聞いてしまったせいか、靖子さんがいつになく色っぽく見えました。ふだんは束ねている髪をおろしていたのですが、激しいセックスを物語るかのように乱れて頬に張りついていました。薄手のパジャマには、盛り上がったおっぱいと乳首が透けて見えました。黒っぽい乳首がぽちっと浮かび上がっていたので、思わず目を逸《そ》らしました。

「話を聞いてくれてありがとう。もう少ししたら戻るわ。あなたは寝ていいのよ」

そんなふうに言われても眠れるわけがないじゃないか、と思いながら、促されてベッドにもぐりこみました。

ところがしばらくすると、「寒いから、私も入れて」と、彼女もいっしょに布団の中に入ってきたのです。

驚きましたが、その態度があまりに堂々としていたものだから、義姉弟ならこういうのもアリなのか？　と、新しい関係性にとまどっていました。下手をしたら、親子でもいけるくらいの年齢差なので、ぼくのことなど男として見ていないのかな、と考えたりもしました。

自分が意識しすぎているだけかもしれないと思い、そのまま受け入れたのです。以前のぼくだったら、オバサンなんて気色悪いと、ベッドを譲って飛び出していたかもしれません。けれどいまは、熟女の体に興味津々なのです。

シングルベッドの中では、当然ながら全身がぴったりとくっついてしまいました。柔らかい肉布団のような靖子さんの感触を、心地よく味わっていたのですが、寒いというわりには、じっとり汗ばんでほてっていました。遠慮して体をずらしても、向こうから寄せてくるのです。

さすがに鈍感なぼくも、彼女が醸《かも》す、妖しげな雰囲気を感じはじめていました。彼女の体には、濃厚なセックスの余韻が纏《まと》わりついているような気がしたのです。ひょっとして、まだ終わったばかりだからウズウズしているのかも？　と想像して、さわって確かめたくなる衝動を懸命にこらえていました。

ぼくは、触れたこともないくせに、その体の感度がよいことだけは知っていました。悶《もだ》えながら、「乳首を噛んで」とか、「クリちゃん溶けちゃう～」などと、口にしているのを聞いていたからです。そういうとき、ひと際声が大きくなっていました。

今日の乱れっぷりもすごかったよなあ、なんて思い返していたら、またしても股間がムクッと張り詰めてきました。それ以上自分が興奮してしまわないように、下半身を離そうと腰を引いたときでした。急に勃起していた股間をなでられたのです。

狭いベッドの中で、偶然触れてしまったのか？とも思いましたが、彼女の手は、その部分から離れようとしませんでした。

硬くなっていることがバレてしまった気まずさから、とっさに寝たふりをしましたが、鼻息が荒くなっていたことに気づかれたようです。

「イヤン、すごく硬い……」

鼻にかかった声を洩らした彼女に、股間を握りしめられていました。

壁越しに聞いていた、あの、掠れたような声が直接耳に注がれたのです。徐々に彼女の息づかいも荒くなっていました。

「気にしなくていいのよ、硬いのは大好物だから。フフ、欲しくなっちゃう」

ゆっくりと彼女の手が動きはじめてしごかれてしまい、ぼくの体は固まっていました。

ついさっきまで旦那の上で悶えていた女が、数分後に、義弟のぼくのベッドにもぐりこんできてペニスをしごいているのです。その大胆な行動にも、強い性欲にも、圧倒されていました。

子どもを作る目的のない体が男を欲しがると、種なんて関係ないから、見境がなくなってしまうのかもしれません。

やがて、その手が這うようにパジャマの中に入ってきて、直接握られました。指先で弄ぶように、ヌルついてしまった亀頭をくるくるとなで回されて、勃起は激しくなるばかりでした。

面倒なことは考えずに愉しみましょうよ、と、まるでダンスにでも誘われたかのような気分です。欲情している彼女の前では、つまらぬモラルや駆け引きなど、いっさい不要に思われました。

いやらしい手つきでさわられているうちに、ギンギンになっていました。気持ちよさが先走り、兄嫁だという罪の意識も薄れていったのです。それどころか、本来手が出せない相手であることに、興奮が増していました。

女に誘導されたのは初めてでしたが、これほどよいものだとは思いませんでした。自分よりも経験豊富な相手に身を委《ゆだ》ねていると、格好つけることもできなくなり、本能をさらけ出せるのです。

ぼくの反応を確認した彼女は、より大胆になっていきました。

気がつけば、添い寝した彼女の胸が、顔面におおいかぶさってきていました。

ふだん、すれ違いざまに嗅いでいたよい匂いを鼻に突きつけられると、昼間の彼女を思い出して、そのギャップに昂《たかぶ》りました。

「ハウッ、ウン……ウフン、ねえ、さわってくれない？」

目を開けると、靖子さんは自分でパジャマのボタンをはずしはじめていました。

前がはだけると同時に、真っ白いおっぱいが飛び出してきました。初めて見た熟女のおっぱいです。やや八の字に広がって垂れていましたが、ボリュームがすごくて圧倒されました。乳首はコロコロ太っていて、いかにも敏感そうな形でした。

「あ、兄貴に、怒られちゃうよ、万が一起きてきたら……」

言い終わる前に、おっぱいで口を塞《ふさ》がれていました。

「今日は起きそうもないわ。だから困るの。私の体に火をつけて寝ちゃうなんて」

まるで告げ口でもするようにささやいてきましたが、兄貴がその日、けっこう時間をかけていたのも、彼女が何回か昇りつめていたのも、しっかり聞いていました。

それでも足りないと言って自分からおっぱいを出すような女に、何の遠慮があるでしょうか。手を伸ばし、力いっぱいもみました。

「あうっ！」と声を出しかけた彼女は、それを抑えるかのように、唇をキュッと嚙みしめていました。

ぼくの手にも余るほどのおっぱいからは、唾液のような匂いもしました。すでにほかの男の体液にまみれている体だと実感して興奮しました。

ふくらんだあずき色の乳首に吸いつくと、彼女が白いのどをのけぞらせました。

「ア、アーッ、いい、気持ちいいわっ！　ヒィ、ヒィッ」

胸を突き出しながら、彼女はとうとういつもの声で、よがりはじめたのです。

おっぱいをプルプルと揺すり、ぼくの顔に押しつけてきました。顔面を巨乳でおおわれて、息苦しさを覚えたほどです。白い肌から汗がにじんできて、つきたての餅のようにペタペタとぼくの頬に張りつきました。

ぼくも勢いづいて、少々乱暴にしゃぶりついていました。

「ああ、お口もさびしいの、アハン！　あなたの硬いやつ、味見させて」

僕にしがみつきながら、ねだってきた彼女に、パジャマを脱がされていました。

布団の中に頭をもぐらせた彼女は、「万が一あの人が来たら、こうしてかくまってね」と言いながら、ぱくっとしゃぶりついてきました。

彼女の姿がすっぽり隠れて見えなくなると、股間に吸いついてくるネットリとした唇の感触に全神経が集中しました。

ズズズッと唾液をすする音が聞こえ、根元まで咥えこまれていました。柔らかな唇の摩擦と同時に、チロチロと動き回る舌で、亀頭やカリ首を舐め回されました。口だけでなく、指先も絡みついてきました。姿が見えないから、何をどう動かしているのかわからないが、これまでに味わったことのないような、極上のフェラでした。何度もイキそうになってこらえたのです。

布団を被された状態で目を閉じていると、まるで、痴女に寝込みを襲われているような気分になりました。

危うくイキかけたとき、彼女が布団から這い出してきました。

「ハァ、ハァ、お願い、私のここもさわって！」

握られた手を、熱のこもった陰部に誘導されました。

パジャマの中に手を突っ込んで、分厚い肉がたるむ下腹部をまさぐりました。指先で陰毛を探り当て、それをかき分けてみると、ネバついた裂け目を見つけました。尋常ではない濡れ方でした。

彼女から溢れ出す愛汁に、兄貴の吐き出した精液も混じっていたのだと思います。その汁が絡みついた指先でクリトリスをこね回すと、丸っこい体をエビのようにピクピクと反り返らせてよがりました。

「ウッハン！　おかしくなりそうっ、ああっ、止まらなくなっちゃう！」

その声を聞いて、全身の血がざわめきました。

「シッ！　静かに。聞こえちゃうよ。聞かれたら、ここで終わっちゃうよ」

ぼくがそう言った途端、「いや、いやよ」と自分の手の甲で口元をおおっていました。痴女みたいにぼくをリードしていた熟女が、髪を振り乱し、泣きそうな顔ですがりついてきたのでドキッとしました。

エプロン姿の靖子さんからは想像もつかない姿でした。

彼女はぼくの言いつけを守り、自分の指を噛んで声を押し殺していました。そのいじらしい仕草と、目尻のしわのギャップに思いがけぬ興奮を覚えたのです。

一回り以上も年上の女が、自分に従順になったのが愉しくて、わざと意地悪に質問しました。

「ぼくのオチ〇チン、入れたいの？」

そう聞くと、コクン、とうなずいて恥骨を押しつけてきました。

「じゃあ、上になって。兄貴とするときみたいに、やってみせてよ」

いつの間にかすっかり自信をつけさせてもらい、ぼくがリードする立場に回っていました。それもじょうずに導いてくれた熟女の高等テクニックなのかもしれません。

彼女は頬を赤らめ、ゆっくりとパジャマやショーツを脱ぎ捨てました。そして全裸になってぼくの上に跨《また》がってきたのです。

服の上から見る以上にムチムチしていて、太ももはぼくの腰くらいありました。お腹や脇腹の贅肉は、動くたびに波打っていました。

五十過ぎの女の裸を生で見るのも初めてだったので衝撃を受けました。

若い女に比べると、肌に張りもなく、形も崩れているのに、むしろいやらしく感じたのです。体のいびつさは、多くの男を呑み込んできた痕跡に思えました。

気持ちよさそうによじれる白い肉体は、思考を持たない巨大な性器のようでした。

均整の取れた体を誇らしげにさらす女と違い、どこか恥ずかしそうに見えたので、ぼくみたいな気の弱い男は、それだけで優位に立てたような気がして自信を持てるのです。

慣れた様子で太ももを開いてぼくのものを握り締めると、腰を浮かせ、ヌルヌルの裂け目に押し当てていました。ぼくのものもパンパンにふくらんで、痛いほど張り詰めていました。

挿入するのも、ましてや生で入れるのも、久しぶりでした。さらに、気兼ねなく中で出せるという経験はなかったので、ワクワクしました。

「アアッ！」と、口元を手でおおいながら彼女が腰をおろすと、ギンギンに勃起したものが根元まで呑み込まれていきました。

ネバついた液がまとわりついてきて、ズルッとすべり込むように彼女の体の奥に突き刺さっていきました。分厚い肉のヒダにくるまれる感触がありました。直接触れた膣の壁はざらついていて、容赦なくぼくをこすり上げてきました。

「ハッフ〜ン！　ハァ、すごい、ムフ〜ッ、ン、ククッ、グェ」

靖子さんは唇を噛みながら、声を押し殺していましたが、それでも洩れてしまう喘ぎ声が耳に絡みついてきました。また、獣のような声です。

こんな感じだったのかと、体に跨る彼女の姿を眺めていました。

大きなおっぱいを自分の両手でもみながら、贅肉を醜く揺すり、一心不乱に腰を振っていました。

噴き出している汗で、髪がぐちゃぐちゃになっていましたがおかまいなしです。

「アアッ、なんて硬いの！　奥に、どんどんめり込んで来るわ、好きよ、好きよ！」

上下運動だけでなく、前後左右に腰を回転させながら、穴の奥のあらゆる部分にこすりつけてくるのです。乳首を引っぱってやると、いっそう激しく体をくねらせてよがりました。

「チ○チンが、靖子さんの穴に入っているところを見せて」

快楽を得るためなら、どんなリクエストにも応じてくれそうな気がしました。彼女は上体をそらして腰を突き出し、太ももを大きく開いてくれました。そんな恥ずかしい格好をさせられているというのに、うれしそうに頬をゆがませているのです。

ぱっくり割れた陰部が丸見えになりました。

その部分も、まんべんなく柔らかな肉でおおわれていました。盛り上がった恥骨を指でめくると、隠れていた赤い突起が現れました。肉布団にくるまれて、艶々《つやつや》と鎮座していました。突起を指でつまんでみると、穴の奥がキュウッと締まってきました。

「ウガッ！　ヒィン、そこがいいの、アアッ、だめ！　イッちゃう、ヒッ、ヒーッ！」

白い液を噴き出している裂け目に、自分のものがすっぽり入っているのを眺めていると、自然に力が入りました。

腰の肉に指を食い込ませながら強く突き上げると、上体をバネのように揺すっておいかぶさってきました。

ぼくの肩に顔を埋《うず》めながら「イクゥ！」と叫び、体を痙攣させていました。

それでもなお、引き抜こうとはしませんでした。催促するように腰を動かしてくるのです。満足し尽くすまで離しそうにありませんでした。

「まだ足りないんだね。ぼくのものはそんなにいいの？」

そこまで女に悦ばれた経験はなかったので、うれしくなって聞いていました。

「いいなんてものじゃないわ！　それに……義理の弟とするなんて刺激的じゃない」

彼女くらいのベテランになると、普通のセックスでは物足りないのかもしれません。

「じゃあ、次は義弟にスケベな尻を見せてよ。後ろから突き刺してあげる」

台所で眺めていた尻を、生で見ながら突き刺してみたくなったのです。

四つん這いになった靖子さんの丸い尻には、兄貴がつけたと思われる、なまなましい赤い爪痕がありました。いつもはいているスカートの中に、よく収まっていたと思うほどの巨尻でした。

尻たぶをつかんで両側に押し広げると、つるんとした白い肌と対照的な黒ずんだ裂け目がよく見えました。

これが、新妻のエプロンの奥なのか！　と、昼間の姿を思い浮かべながら舌を伸ばしました。兄貴の精液が混じっていたせいか、生臭さを感じた陰部に、人妻を寝取った実感がわいてきました。

「靖子さん、お尻の穴まで丸見えだよ。兄貴の前でもこんな格好しているの？」

ヒクヒクッとすぼまる尻の穴だけが、彼女の体の中でととのった形を保っていましです。いろいろな経験をしてきても、そこだけは、まるで乙女のように澄ましていたのです。

「いや、いやん。見ないで、アッアー、ハァン、恥ずかしいわっ」

彼女が本気で恥ずかしがっているのがわかると、よけいに責めたくなりました。

唾液でびちゃびちゃにしながら、舐めたてました。すると、恥ずかしがっていながらも、尻をくねらせはじめたのです。

舌の先をとがらせると、吸い込まれそうになりました。

まさか自分が、五十過ぎの女の尻穴を好んで舐める日が来るとは、思ってもみませんでした。

「いやぁん、焦らさないで。ハアッ！　もう、もうダメェ、欲しいの、欲しいの」

尻の穴を舐めながら、その下の穴に指を突っ込んでかき混ぜると、気持ちよさそうにキュウッとすぼまってきました。

ぼくもいよいよ昂《たかぶ》りがピークになって、我慢できなくなっていました。

「何が欲しいの？　はっきり言ってごらんよ、言わないともらえないよ」

亀頭を突き立てながら聞くと、彼女は枕に顔を埋めながら、掠れ声で叫びました。

「硬いおち○ちんが欲しくてたまらないの、入れてぇ！」

腰の肉をつかんで引き寄せ、待ち構えていた穴に、根元まで一気に埋め込みました。再び彼女の奥にめり込んでいった亀頭は、バックスタイルでは、また違う角度の内壁にこすられていました。

奥のほうの何かがコリコリと刺激してきました。

そのコリコリした部分を、カリ首で引っかくようにして、勢いよく腰を振りました。大きな尻が激しくゆがむと、溢れ出した愛汁で、ぼくの陰毛までびしょ濡れになっていきました。

糸を引く汁を指に絡めて尻の穴を同時にいじってやると、全身を痙攣させました。

「気持ちいい、イク、イッちゃう！　義弟のおち○ちんで、イクなんて、アアッ」

突き刺さる中心部を見つめながら、突きまくりました。

「ハァ！　ぼくも……ね、義姉《ねえ》さんの、オマ○コに出すよ、うっ！」

ねえさんと呼んだのはそのときが初めてでした。彼女のまねをしてみたのですが、そんなふうに呼んでみると、激しく昂りました。その声に彼女も反応していました。

「キィーッ！　ウグ、アッハン、うれしい。あなたの精子をいっぱい浴びたい！」

オナニーを中断してからこらえつづけていた精液を、勢いよく彼女の中に噴射していました。ドクドクと脈打って、いつになく大量に放出した気がします。一滴残らず絞り出されたような快感に襲われました。

女を悦ばせたい一心で、こんなにも射精をこらえたことはありませんでした。やはり、いつの間にか、まんまと彼女のペースに乗せられていたようです。

しばらくぐったりしていた靖子さんが、我に返ったようにパジャマを羽織りました。

「ハァン、すごく、すごくよかった。ああ、でもあの人の元に帰らなくちゃ」

同じ家の中を移動するだけなのに、義姉との遠い距離を感じました。

「あまり頻繁だとまずいけど、またいつでも来てよ。いや、来てほしい」

思いがけない兄嫁の誘いに乗ってしまったぼくは、一気に未知の領域に踏み込んでいたのです。義姉も人妻も熟女も、すべて初体験でしたが、しっかりその味を教え込まれてしまいました。すべてを兼ね備えている女は彼女だけなのです。

内気な兄貴が夢中になり、結婚するほどハマった理由がよくわかりました。

翌朝、彼女は、いつもとまったく変わらぬ様子で台所に立っていました。薄化粧を施した涼しげな顔で、目の下にクマも見当たりません。さすがだなと思いました。

冷静になった靖子さんは、ようやく手に入れた妻の座を守るために、安易な行動は控えるかもしれません。

ぼくはまた、彼女が乱心した人となって襲ってくるのを、待つしかないのです。

# フィットネスジムのパーソナルトレーナーが反り返った巨大なペニスで責め立ててきて

吉野あや子　主婦・四十六歳

私は専業主婦です。子どもはいません。夫は大企業の重役をしているために連日接待漬けで、私がいくら夕飯を作ってもむだになるので、最近はほとんど作っていませんでした。

だから毎日することと言えば、家の掃除と洗濯ぐらい。昔からの友だちはみんな子育てに忙しく、ここ数年は出歩くこともほとんどなくなりました。

必然的に家でテレビを観ながらごろごろして過ごすことが多くなり、気がつくと若いころに比べて体重が五キロ以上も増えていたんです。

たまたま訪れたスーパー銭湯で、なにげなく乗った体重計の数字を目の当たりにした私は、このままじゃいけないと一念発起してフィットネスジムに通うことにしたのでした。

だけど運動らしい運動はもう何年もしていません。どんなトレーニングをすれば効果があるかとか何もわからないので、パーソナルトレーナーをお願いすることにしました。

お金はかかりますが、幸い夫は高収入ですし、子どももいないので教育費もいりません。自由になるお金はいっぱいあったんです。だから、奮発して地元ではいちばん大きなジムの人気ナンバーワンのパーソナルトレーナーを頼むことにしました。

「初めまして。今日から吉野《よしの》さんを担当させていただく武田《たけだ》です。いっしょにがんばって健康で美しい体を手に入れましょうね」

武田さんはそう言って、真っ白い歯を見せて笑いました。年齢は三十二歳だそうです。さすがに地元でいちばんのジムの人気ナンバーワンだけのことはあり、まるで映画俳優のような爽やかイケメンなんです。

それにフィットネスジムのトレーナーだけあって、筋肉がすごいんです。ジムのロゴが入ったTシャツを着ているのですが、胸や腕のあたりがはち切れそうになっています。

そんなマッチョな男性を間近で見たのは生まれて初めてだったので、私はまるで少女のようにドキドキしてしまいました。

「よろしくお願いします」

そう挨拶をしながらも、私は少しだけ後悔していました。というのも、入会したときのアンケート用紙に「ダイエット目的」と書き込んでいたんです。

しかもパーソナルトレーナーは受け持つ人のすべてを把握しておく必要があるらしいので、体重のほか、年齢もすべてバレバレです。もっと違う出会い方をしたかったとしみじみ思ってしまいました。

「あと五キロのダイエットを希望ということですね。無理な食事制限などしないで、筋トレをメインにしてみましょうか。見たところ、あまり筋肉はなさそうなので、少し鍛えればそれだけでずいぶん印象が違う体になれますよ。いっしょにがんばりましょう！」

「私……理想の体を手に入れられるように一所懸命がんばります！」

武田さんを前にすると、私は思わずそんな殊勝なことを口にしてしまうのでした。

それ以来、私はほぼ毎日ジムに通うようになりました。

「体を動かすのが気持ちよくて」

表向きはそう言っていましたが、本当は武田さんに会うのが楽しみだったんです。

だけどそれは歌手や俳優にあこがれるような感情です。武田さんは私よりも一回り以上も年下のイケメンなんで、いくらこっちがその気になっても男女の関係になれるはずはないと最初からあきらめていたんです。だから、武田さんに特に親しげな態度を取ることもなく、私は毎日ストイックにトレーニングを続けていました。

生まれて初めてする筋トレはけっこうたいへんでした。しかも甘いマスクとは裏腹に、武田さんはけっこうスパルタなところがあり、どんどん追い込んでくるんです。でも、どんなに苦しくても、目の前に武田さんがいてくれると私はがんばれてしまうのでした。

その日も私は武田さんに見守られながら筋トレのマシーンを使ってトレーニングをしていました。肩にバーを担ぐようにして、スクワットをするという運動です。ヒップアップに効くということでした。

だけどその運動は足を肩幅に開いてお尻を突き出す格好になるんで、少し恥ずかしいんです。しかもトレーニングの成果がわかりやすいようにとスパッツをはいていたために大きなお尻が強調されて、我ながらすごくいやらしいんです。

トレーナーである武田さんは当然そんなものは見慣れているだろうし、私よりもずっと若くてかわいい女の子の相手もしているだろうから、全然なにも感じないだろうと思っていたのですが、ふと少し離れた場所にある鏡を見ると、武田さんが私のお尻んです。

それはトレーナーとしての目ではありません。明らかに欲情している男の目なんです。私の背後に立っているために気づかなかったのですが、鏡を見た瞬間、私は猛烈に興奮してしまいました。するとスクワットで食い込んだ股間がムズムズしてきて、

「はあっ……」と思わず変な声が出てしまいました。

「大丈夫ですか？」

何か体に異変が起きたと思ったのでしょう、武田さんはあわてて私に尋ねました。

「あ、いいえ、平気です。すみません。ちょっと腰に電気が走っただけです」

本当は股間の食い込みのせいで声が出てしまったのですが、私は恥ずかしくて適当なことを言ってごまかそうとしました。でも、武田さんはもうトレーナーの目に戻って私に尋ねてきます。

「ひょっとして腰を痛めたんじゃないですか？　ああ、ぼくが無理をさせたから」

申し訳なさそうに眉を八の字にしている武田さんは、すごくかわいいんです。その顔を見ていると、好きな子に意地悪する小学生みたいな心理から、私はもっと彼を困らせてやりたくなってしまいました。

「え……ええ、そうかも。ちょっと腰に違和感が……」

そう言って私は腰を押さえて顔をしかめました。

「じゃあ、医務室にいきましょう。そこで手当てしますよ。ぼくは柔道整復師の資格も持ってるんです。歩けますか？」

真剣に心配してくれているのに悪いのですが、私は笑いをこらえるのがたいへんでした。そして、私はますます武田さんを困らせてやりたくなってしまったのです。

武田さんの肩を借りて医務室まで移動したのですが、その途中もわざと武田さんの体にグリグリ胸を押しつけたりしてしまいました。

すると、武田さんの鼻息が荒くなっていくんです。

自分になど興味を持ってくれるわけがないと思っていた男性が、いま、私にオッパイを押しつけられて興奮していると思うと、すごくうれしくなりました。

マシーンなどが置いてある場所からけっこう離れた廊下のいちばん奥が医務室でした。そんなところに医務室があるなんて初めて知りました。

でも、事故や怪我などはめったにないはずなので、医務室と言ってもふだんはほとんど使われることはない部屋なのでしょう。

その証拠に、半分物置のような感じで、壁一面の棚にはトレーニング用の道具や湿布薬等の薬が並んでいて、狭い部屋の中央に、整体院などにあるような治療用のベッドが一つポツンと置いてあるだけなんです。

「そこに横になってください」

言われるまま私はベッドにうつぶせになりました。

「ちょっとさわりますよ。痛かったら言ってくださいね」

そう断ってから、武田さんは私の腰を優しくさわりはじめました。最初はなでるようにして、だんだん力を強めてもみはじめるんです。

「痛いですか？」

「え……ええ、少し」

もちろん痛くはありませんでしたが、私は怪我をしたふりをしつづけました。

武田さんは相変わらず真剣な様子です。

「筋肉が張ってるみたいだから、少しほぐしてやるとよくなるかもしれませんね」

そう言って優しくもみほぐしはじめました。柔道整復師の資格があるというだけあって、武田さんのマッサージはすごく気持ちいいんです。

でも、そういう健全な気持ちよさだけではなく、まるで前戯のそのまた前戯をされているかのような微妙な快感が私の体を支配していくのでした。

というのも、夫とはもう十年ぐらいセックスレスなので、男性に体をさわられるのはほんとうに久しぶりなんです。

腰をもまれながら、私はついうっとりと目を閉じてしまいました。するとますます武田さんの手の動きが気持ちよく感じられるんです。

背骨のあたりを中心にもみほぐすその手が、ほんの少し脇腹のほうへ移動しました。

「あっ、はあああぁんっ……」

気を許していたせいか、ついいやらしい声が出てしまいました。それはさっきジムの中で発してしまった声とは違って、ごまかしようのない喘ぎ声なんです。

「すみません!」

何か熱いものにあやまって手を触れてしまったときのように、武田さんはあわてて手を引きました。そして、二人の間に沈黙が流れました。

武田さんは私が喘ぎ声を発してしまったことに対して、どういう態度をとったらいいか悩んでいるようでした。もちろん私も、なんて言ったらいいかわかりません。マッサージをされながら性的に興奮していたことがバレてしまったのですから。

でも、この微妙な空気は、久しぶりに経験するものでした。胸がときめき、体が熱くなり、股間がヌルヌルになっていくんです。そしたら、こんなチャンスはもう私の残りの人生には二度とないかもしれないという気がしてきました。

平日の昼間ということもあってジムの利用者も少なく、おまけにふだん使われることがないこんな医務室に誰かがいきなりやってくるとも思えません。そこで私は、本格的に武田さんを誘惑してやろうと決心したんです。

「どうしたんですか？　もっと続けてくださいよ。武田さんの指導がよくなかったから、私は腰を痛めちゃったんですよ」

「えっ……あっ、はい。すみません」

いきなり私が非難がましい言葉を発したので、武田さんは少しびっくりしたようでした。だけど、パーソナルトレーナーがお客さんに怪我をさせてしまっては大問題です。もちろん本当は怪我なんてしてませんでしたけど、私にそう言われたら武田さんはもう逆らえないでしょう。

「では、もう少し続けますね。この辺が痛いんですか？」

マッサージの再開です。これから自分がしようと考えていることを思うと、そのマッサージにはさっきよりもずっと性的な快感をおぼえてしまうんです。

「もうちょっと下のほうかしら」

「ここですか？　それともこの辺？」

武田さんの手が徐々にお尻のほうへと移動していきます。

さっきも言いましたが、私はスパッツをはいているのでお尻の形がはっきりと出ちゃってるんです。自分では大きすぎることがコンプレックスのお尻ですが、若いころは男性たちから「すごくエロいお尻だね」とよくほめられたものでした。

「もう少し下のほうです。そ、そう、その辺」

「で……でも、ここはもう……」

ここはもうお尻ですよ、と武田さんは言いたかったのでしょうが、パーソナルトレーナーとしての意識が「お尻」という言葉を口にするのをためらわせたみたいです。だけど体はもうそんな理性では抑えきれないようです。武田さんは両手で私のお尻をもみしだきはじめたんです。それはもうマッサージというよりも、明らかにセックスの前戯のさわり方です。

「そうよ、そこ。あぁぁん、気持ちいいわ。もっと……もっと強くもんでください」

「こう？　こんな感じですか？」

武田さんの鼻息が荒くなってきました。あともう一押しで、武田さんは完全に落ちそうです。そこで私は武田さんにもまれているお尻を徐々に上げていきました。そして四つん這いポーズでいやらしく腰を反らせて、お尻を高く突き上げたんです。

「えっ……吉野さん、これは……うう……」

武田さんはなぜか低くうめきました。お尻を突き上げたまま武田さんのほうを見ると、ジャージの股間が大きく盛り上がっているんです。それを見た瞬間、子宮がきゅんと疼いてしまいました。

「はあぁんっ……もっと……もっともんでください」

私は鼻にかかった声で懇願しました。すると武田さんは治療用のベッドにのぼり、私のお尻の正面に座りました。私は武田さんの顔に向かってお尻を突き上げている状態なんです。それは破廉恥すぎる格好ですが、私は猛烈に興奮してしまいます。もちろん武田さんも同じように興奮しているようでした。

「じゃあ、もっともませていただきますね」

武田さんは私のお尻の肉を両手でわしづかみにするようにしてもみはじめました。親指がオマ〇コのふくらみに触れ、その状態で力を込められると、小陰唇が剝がれたり閉じたりして、スパッツの内側でクチュクチュと音が鳴ってしまうんです。その音が武田さんに聞こえてしまいそうで、もう恥ずかしくてたまりませんでした。ですが、音よりももっと恥ずかしいことを武田さんに指摘されてしまいました。

「あれ？　なんだか色が変わってきましたよ」

そう言うと武田さんは手を止めました。四つん這いポーズのまま振り返ると、武田さんはすぐ近くから私の股間をじっと見つめているんです。

さっきからもう私のアソコはぐしょ濡れ状態です。その愛液がしみ出てスパッツの股間部分の色が変わってしまっていたのでした。

「ああぁぁん……それは汗よ。マッサージで代謝がよくなって汗をかいたの」

「それならじかにもんだほうが、もっと代謝がよくなると思いますよ」

筋肉がすごいし、意外と髭も濃いんで、武田さんはもともと男性ホルモンが多いタイプなのでしょう。もう私が特に誘わなくても、自分からグイグイくるんです。

「そうですわね。じゃあ、直接マッサージをしてもらおうかしら」

「わかりました。では、これを脱がしますよ」

四つん這いポーズの私のスパッツに手をかけると、武田さんは下着ごと脱がしはじめました。でも、ゆっくりゆっくり脱がして、途中で止めるんです。

「ほら、お尻の穴が見えてきましたよ」

「いや。恥ずかしいわ」

私はとっさにお尻を左右に振って、武田さんの手を振り払おうとしてしまいました。

だけど、お尻は突き上げたままです。それはもっといやらしいことをされたいという思いからでした。そのことがわかっているのでしょう、武田さんは特にあわてることなく、落ち着いた口調で言います。

「ダメですよ、そんなに動かしたら。ぼくは吉野さんのパーソナルトレーナーなんですから、吉野さんの全部を知っておく必要があるんです。ほら、よく見せてください」

スパッツをお尻の半分あたりまで引きおろした状態で、武田さんは私のお尻を両手でつかむように持ち、親指に力を込めました。するとアナルがグイーッとひろげられました。

「あぁぁん、いや……。恥ずかしいぃ……」

「おお……きれいなお尻の穴だ。イボの類《たぐ》いは一つもないし、健康そのものですね」

ひとしきりお尻の穴を観察すると、武田さんは再びスパッツを引きおろしはじめました。そしたら、不意にアソコに風がかかり、私は切なげな声を洩らしてしまいました。

「はっあああぁぁん……」

お尻を突き上げたまま、また振り返ると、武田さんはすごく近くから剝き出しになった私のアソコをじっと見つめているのです。そして彼の荒くなった吐息がアソコにかかっていました。

「すごくきれいですよ。ここも健康そのものだ。中はどうかな？」

武田さんはさっきお尻の穴にしたのと同じように、親指で左右にグイッと開きました。すると、それまでピタリと張りついていた小陰唇が、ピチュッという音とともに剝がれ、今度はアソコの奥のほうまで空気に触れてひんやりしました。

奥まで空気が入ってくるということは、アソコの中を武田さんに見られているということなんです。

「あぁぁ……いや……恥ずかしい……」

「確かにすごい代謝のよさだ。もう大量に体液が溢れ出てきていますよ。この濡れはかなりのものです。よっぽど溜まってたんじゃないですか？」

「……溜まってたって？」

「欲求不満ってことですよ。旦那さんにはもうずっと抱いてもらってないんでしょ？わかるんですよ、こういう仕事をしていると。その欲求不満の解消のためにジム通いを始めようと思った。そんなところでしょ？」

「違うわ。私はただ純粋に体を鍛えたいと思って……はああんッ」

私の言葉は途中で途切れてしまいました。もうふつうに話す余裕はありません。というのも、武田さんがいきなりアソコの穴に指を突き刺してきたんです。

「おお……中がすごく熱くなってますね。まるでシチューのようだ。ほら、すごくおいしそうな音が鳴りますよ」

武田さんは突き刺した指を左右に動かしはじめました。するとクチュクチュ、カポカポといやらしい音が鳴るんです。

「あぁぁん、ダメ……。はあぁぅ……。そんなことされたら変になっちゃうぅ……」

ダメと言いながらも、私は武田さんの前にお尻を突き上げつづけていました。恥ずかしい格好をしているということで、よけいに快感が高まるようです。

そして、快感が強烈になるにつれて、溢れ出る愛液の量がどんどん増えていくんです。四つん這いのままふと見ると、私の両膝の間にポタポタと愛液が滴《したた》り落ちて、治療用のベッドの上に水たまりが出来てしまっていました。

「ほら、どんどん代謝がよくなってきてますよ。こうやって体内の悪いものを排出すると、吉野さんはいま以上に美しくなれます。ほら、もっとしてあげますよ」

不意に武田さんの指が倍ぐらいに太くなったように感じました。どうやらそれは、指を一本加えて二本にしたようです。その指二本をかすかに曲げて、今度は抜き差しする動きに変えます。

膣口付近のいちばん感じる場所……たぶんGスポットと呼ばれる場所を、武田さんは指先でゴリゴリこすってきます。それはもう気持ちよすぎて、頭の中が真っ白になってしまいそうです。

「はあっ、ううう……そ……そこ……すごくいい……」

私は思わず両手をぎゅっと握り締めました。

「おおっ……すっごく締まりますよ。ああっ……吉野さんのマン筋は超一流ですよ」

「あっ、いやっ……変なこと言わないでください。恥ずかしいぃ……はああっ……」

武田さんは爽やか系の見た目とは違って、かなり変態っぽいところがあるようでした。だけどそれはかえってうれしい誤算です。だって、どんなにイケメンだって、性に対して淡泊だったらつまらないですから。

そんな武田さんにつられるようにして、私までどんどんエッチになっちゃうんです。

「ああぁっ……気持ちいいわ……。もっと……もっとぉ……」

私はアソコに力を込めて、武田さんの指をギュッギュッときつく締めつけてあげました。ヌルヌルになったアソコで締めつけられるのは、指であっても気持ちいいみたいで、武田さんはため息を洩らしました。

「ううう……。もう……もう我慢できません」

そう言って武田さんがジャージのズボンをブリーフといっしょに脱ぎ捨てると、黒々としたペニスが飛び出しました。

そうです。まさに飛び出すといった表現がぴったりくるんです。びっくりするぐらい大きなペニスが反り返るようにして先端を天井に向けてそそり立ち、力がみなぎりすぎているといったふうにピクピクと細かく痙攣しているんです。

「もう入れてもいいですか?」

ダメと言っても我慢できなそうな感じでしたし、私もすでに指でほじくられて感じてしまい、もっと大きなもので奥のほうまで突き上げてもらいたくてたまらなくなっていました。

「いいわ。入れてください。はあぁぁっううう……」

私が言い終わると同時に巨大なペニスがぬるりとすべり込んできました。

「ううっ……すごくきついです……。ああ、吉野さんのオマ○コ、すばらしいですよ」

「あぁぁん……そんなこと言わないで。恥ずかしい」

「いえ、本当ですから。それに、この大きなお尻。なんてエロいんだろう。ぼくは最初に吉野さんと会ってトレーニングメニューを考えたとき、ヒップアップトレーニングを中心にして、このお尻の魅力をもっと高めてあげたいと思ったんです」

武田さんはペニスを抜き差ししながら、私のお尻をなで回しつづけました。

「そしてその効果を自分で確かめたいと妄想してたんです。だけど、ほんとうに吉野さんとエッチできるなんて……。ううっ、最高ですよ。あああ」

武田さんは私の腰のくびれを両手でつかみ、前後に動かす腰の勢いを強めてきました。二人の体がぶつかり合う音がパンパンパンと鳴り響き、それと同時に子宮口を突き上げられて、私はすぐにエクスタシーへと昇りつめてしまいました。

「あああっ、い……イク～！」

ぐったりとベッドに倒れ込んだ拍子にズルンとペニスが抜け出て、亀頭が勢いよく跳ね上がって愛液があたりに飛び散りました。

「ほら、吉野さんのマン汁でこんなに汚れちゃったじゃないですか。さあ、舐めてきれいにしてください」

少しSッ気があるのか、武田さんはそんなことを言いながら愛液まみれのペニスを私の唇に押しつけてきました。もちろん私はそれを口に含み、舌を絡めるようにして舐めしゃぶりました。すごく硬くて大きくて、しゃぶっていると、また子宮がムズムズしてくるんです。

「ああんっ、今度は前からちょうだい」

「いいですよ。吉野さんのオッパイを舐めながら突き上げてあげますよ。この治療用ベッドは少し狭いですね。続きはこっちで」

体操用なのでしょうか、ブルーのマットをひろげ、武田さんは私を全裸にしてから そこにあおむけに寝かせました。

私は武田さんに向けて股を大きく開きました。充血した肉びらがひとりでにねっとりと開いていくんです。それを見た武田さんはゴクンとのどを鳴らして、右手でペニスを握り締め、私におおい被さってきました。

「入れますよ。ううっ……やっぱりこのオマ○コ、最高ですよ」

「はあぁぁん……もっと動かしてぇ……」

武田さんはオッパイを舐め回しながら、力任せにペニスを突き刺しつづけました。その勢いはすごくて、私の体がマットの上をずり上がっていくほどなんです。

「ああっ、イク、またイク。はあああっ……い、イク〜!」

私がまたエクスタシーへと昇りつめると、武田さんは私の腰に腕を回して抱え起こしました。

「ぼくにしっかりつかまっててくださいね」

そう言うと武田さんはペニスをアソコに挿入したまま立ち上がったんです。

「え？ なに？」

「駅弁ファックですよ。足腰を鍛えている男にしかできない体位です。せっかくだから、これで気持ちよくしてあげますよ」

アダルトビデオは観たことがありませんでしたが、駅弁ファックという言葉は聞いたことがありました。挿入したまま抱え上げられているため、自分の体重がかかってすっごく奥まで入っちゃうんです。

しかもその状態で歩き回られると、膣奥をめちゃくちゃにかき回される快感に、私は武田さんにしがみついた状態で何度も立て続けにイキまくってしまいました。

「はああっ……イク……イク……イク……あああああん！」

「おおおっ……すごく締まりますよ。あああ、もう……もうぼくも……で、出そうだ」

いきなり私の体をグイッと持ち上げてペニスを抜くと、武田さんは私をマットの上におろし、口の中にペニスをねじ込んできました。

「あっ、出る！　ううう！」

低くうめいて、武田さんは私の口の中に大量に精液を放ちました。もちろん私はそれを残さず飲み干してあげました。

それ以降も、私のジム通いは続いています。だけど筋トレよりも、医務室での有酸素運動のほうが主になってしまっているんです。

# エアコンの取り付け工事先のマンションでドスケベ奥様が下着を見せつけ挑発してきて

及川英二　自営業・四十歳

工業高校の電気科を卒業してから、街の電気屋で十五年働きました。独立したのは三十三歳のときです。自分の店を持つ夢をあきらめたわけではないんですが、いろいろとクリアしなければいけないことがあって、現在は家電量販店と契約して、エアコンの取り付け工事をメインにやっています。

その仕事絡みで、思い出しても勃起してしまうようなエッチな体験をしたのは、真夏を迎える前のジメジメとした梅雨時のことでした。

取り付け工事にうかがうのは平日の昼間が多いので、一般家庭の場合、その家の奥さんに一人で立ち会ってもらうことも多いんです。

まあ、仕切られた空間に男女が二人きりになるわけですから、人妻のエロい空気を感じることも珍しくないんですが、あんなに積極的で、ストレートにエッチを迫ってくる奥さんは初めてでした。しかも熟女の色気たっぷり。

場所はファミリータイプの分譲マンションでした。

「○○家電でお買い上げいただいたエアコンの取り付けにまいりました」

「お待ちしてました～。どうぞお入りください」

出迎えてくれた奥さんは、Tシャツにジーンズというカジュアルな装《よそお》いでした。

肩までのボブが似合う端正な顔立ちで、歳は四十八歳ということでした。なにより
Tシャツを盛り上げる巨乳が圧倒的で、思わずガン見してしまうほどだったんです。

「え、えーと、設置場所はリビングでよろしかったですか」

「はい、あそこの窓際にお願いします」

私が梱包を解いて設置の準備をしていると、奥さんがのぞき込んできました。

「ふーん、こんなふうになってるんですねぇ～」

ふと見ると顔が触れそうなほど近くにありました。なんとも言えない甘くていい匂いがただよってきました。作業の邪魔になるので私が困っていると、奥さんはさらにのぞき込んできて、Tシャツ越しのおっぱいがムニュッと私の肩に当たったんです。

「あ……す、すいません」

私があわてると、奥さんはうれしそうに言いました。

「好きなんですか、おっぱい。さっき、すごく見てましたよね」

そして、そのまま作業する私に身をすり寄せるようにしているので、私はどうしていいかわかりませんでした。何度も巨乳が肩や腕に当たってきたんです。

そんな私を挑発するように、耳元で奥さんがささやきました。

「こういう仕事をしてると、誘ってくる女性も多いんじゃないですか」

私は心臓が口から飛び出しそうなほどドキドキしながら、作業を続けました。

「い、いえ、そんなことは……」

さらに奥さんは、小声で驚くべきことを話しはじめました。

「恥ずかしいけど、私……そういうAVが好きで、よく見るんです」

「は、はあ、AVですか？」

「ええ、人妻が一人で家にいるときに、工事にやってきた男性を誘ってエッチしちゃうとか、逆に犯されちゃうとか、どっちもすごく興奮しちゃうの」

「そ、そうなんですか？」

「もちろん現実にそんなことないのはわかってるし、自分ができるわけないと思ってるんだけど、いっつも妄想してるんです。そうしたら今日、なんか、まさにそういう状況じゃないですか。それに、お兄さん……私のタイプなんです」

　自分までAVの世界に引き込まれたようで、頭がクラクラしました。巨乳の感触、甘い匂いが頭の中を巡って、息子が半勃ちになっていました。

「あ、ありがとうございます。だけど、仕事をしてしまわないと」

　めちゃくちゃ興奮してるのに、私は格好をつけてそう言ってしまいました。

「そうですね。仕事ですもんね。じゃ、とりあえずエアコンつけちゃってください。私は台所で夕飯の準備でもしてますから、終わったら呼んでくださいね」

　そのあとの展開がどうなるのか、もう仕事なんか手につかないほど動揺していたんですが、自分で言ったことですから、とにかく設置作業を続けました。

　私もプロですから、動揺しつつも仕事はきっちりと進めました。まあ、いつもより手際が悪くて、時間がかかってしまいましたけど。

　そして、最後の調整をしているときでした。奥さんの姿が私の視界に入ってきました。いつの間にかリビングのソファに腰をおろしていたんです。

　私は思わず、「あれ?」とつぶやいてしまいました。さっきはジーンズをはいていたのに、柔らかそうな生地のフレアスカートに着替えていたからです。

　奥さんは、私が気づいたことに気づくと、ゆっくりとスカートのすそを持ち上げました。それから膝を開き、透き通るほど白くなまなましい内腿ばかりか、その奥のショーツまでのぞかせてきたんです。淡いピンクで光沢のあるランジェリーでした。

私の目が釘づけになっていると、奥さんはさらに、両足をソファに上げてM字開脚になったんです。もう丸見えでした。

光沢のあるショーツの生地を通して、割れ目のうごめきまでが手に取るように伝わってきました。クロッチ部分の食い込みスジまでが、はっきりと見えたんです。

「あー、あの、取り付け終わりましたんで、試運転しますね」

そう発した私の声は裏返っていました。

「お願いします。蒸し暑いからドライかけてもらえますか」

そう言いながら奥さんは、なんとショーツをスルスルと脱いでしまったのです。そして立ち上がると、私のほうに近づいてきました。

「あぁ、いいですね、ドライ、快適」

奥さんが迫ってきました。私は、後ずさりして壁に寄りかかってしまいました。私の目の前までやってきた奥さんは、脱いだショーツを私の手に握らせました。

「あんなにジロジロ見られたら、恥ずかしいじゃないですか。おっぱいだけじゃなくて、女のパンティも好きなんですね。エッチな電器屋さん」

そう言うと、私の頬を両手で押さえて、ブジュッと唇を塞《ふさ》いだんです。

「んっ、ぐ、むぐぅ……」

唾液をなじませるように、しばらくの間、柔らかい唇をうごめかせてから、ヌメッと舌を突き入れてきました。私も条件反射で舌を絡ませていました。

「クチュ、グジュッ、ジュルル……」

二人の舌が追いかけっこをするように、お互いの口の中を行き交いました。

奥さんの舌は8の字を描くように口の奥までかき回してきました。私も夢中で舌を動かしました。瞬《また》く間に絡み合う舌のリズムが激しさを増して、こすれ合う唇から流れるように唾液がこぼれて、口角でブジュブジュと泡立ちました。

「はぁぅ、クチュッ、あうぅん……」

奥さんは狂おしい鼻息を洩らしながら、黒目がちの瞳を見開いて、問いかけるようにずっと私の目を見つめていました。こんなことがほんとうにあるなんて……。

やがて、ヌルッと奥さんの舌が抜き取られました。

そのまま舌を私のおでこや耳元、鼻の頭から顔中に、吸いつくように這い回らせてきたんです。奥さんの甘い匂いが、毛穴からしみ込んでくるようでした。

「あぁん、汗の味がして、興奮しちゃう」

呆然《ぼうぜん》とする私に、奥さんが追い討ちをかけてきました。

「舌を出して……思いきり」

私はあごを上げて、口を開き、精いっぱい舌を突き出しました。奥さんはのぞき込むようにして、突き出した舌を口の中にヌメヌメと呑み込んでいきました。

そして、まるでペニスがヴァギナに出たり入ったりするように、私の舌を柔らかい唇の間にピストンのリズムで出し入れしはじめたんです。

グジュッ、ブジュッ、ジュボッ……。

そんなことをする女性を、私はそれまで知りませんでした。

ジュルッ、グチョッ、ブチャッ……。

そのときでした。

「……アウッ、くぅ！」

いきなり私の作業ズボンの股間が、奥さんの両手でおおわれたんです。

「ここも、逞しいんですね」

そうつぶやいて、ゆっくりとなで回してきました。互い違いに両手を動かして、ズボン越しの勃起ペニスをかたどるようにさわってから、ベルトをはずしファスナーを開けて、トランクスごと作業ズボンをズルッと膝まで引きずりおろしてしまいました。

二人の間にペニスが、ビンッ！　とそそり立ちました。

「アンッ！　すごい……」

奥さんの女らしい右手の指が、ペニスの根元を握り込んできました。それを握ったりゆるめたりしながら、左手でフレアスカートのすそをたくし上げていきました。そして、握ったペニスをスカートの中に導いていったんです。

「あぁ、うぅ、そんな……」

そのままペニスは脚のつけ根、恥骨と太ももが交わる女のYゾーンに引っぱり込まれて、亀頭がムンとした熱気に包まれました。

「はぁ……いやらしい」

奥さんはさらにペニスを股間の奥まで引っぱり込んで、下から右手で押さえつけました。亀頭に伝わるぬかるんだ感触で、すでに濡れているのがわかりました。

それから奥さんは、グッ、グッと腰を振りつけてきました。

向き合って立ったままの素股です。頬を紅潮させた奥さんが、「はうッ」「あんっ」と声を発しながら、ウエストをしゃくるように前後させました。柔らかいヴァギナの粘膜で亀頭を愛撫するように、股間をいやらしく動かしてきたんです。

奥さんのエッチな腰つき、ヴァギナの感触で、私の全身から汗が噴き出しました。

「ああ、電器屋さん、そんなにいやらしく……こすりつけないで」

「お、俺が、やってるわけじゃ……」

「やだ、私のせいにするつもりですか」

そう言って、奥さんの動きがさらにいやらしくなりました。

ペニスを下からヴァギナに押さえつけている右手をしごくように動かしながら、左腕を私の腰に回して体を安定させると、ガニ股気味に両脚を踏ん張って、グイッ、グイッと強烈に股間を振り込んできたんです。

「ああんっ、すごい。硬くて気持ちいい」

ほてって紅潮した奥さんの顔にも、びっしりと汗が浮いていました。

けっして新品のエアコンの効きが悪いというわけではないのですが、興奮で熱くなった二人の体温を冷ますことはできず、全身が汗まみれになっていたのです。

「ジッとしててくださいね」

奥さんがそう言って、私の足元にしゃがみました。そして目の前のペニスに鼻を近づけて、亀頭から裏筋、玉袋までクンクンと嗅ぎ回ったんです。

「ああ、汗臭くて、たまりません」

そうつぶやくと、亀頭をぱっくりと咥えてしまいました。

「あぐぅ、そんなに……」

ペニスを咥えたまま私の顔を見つめて、口の中で生き物のように舌を動かし、尿道口、カリ首、裏筋に這い回らせました。それからゆっくりと首を振って、ペニスの幹に唇を往復させました。唇のピストンがどんどん激しくなりました。

やがて奥さんは私の太ももに両手を添えて、手を使わずに口だけで、ジュブ、ジュブッ、ジュブブッと首を振りつけ、カリ首から根元までしごいたんです。

「あう、くっ、すごっ！」

奥さんの肉厚でいやらしい唇に、恥知らずに反り返った私のペニスが何度も突き刺さっていました。強烈なオーラルの快感が全身を駆け巡り、奥さんの痴態に脳みそをかき回されて、私は気が狂いそうでした。

すると、突然、奥さんが言ったんです。

「ハッ、ハッ……私、もう、我慢できません」

そして、立ち上がりざまに、スカートを脱ぎ捨てました。

「電器屋さん、私のも舐めて」

Tシャツ一枚になった奥さんが、壁に両手を着いてお尻を突き出しました。

「立ったまま、後ろから……舐めて！」

私は奥さんの背後に膝を着いてしゃがみ、白い生尻をなで回しました。

「はぁう、すごく……エッチっぽい」

なで回しながら、裏腿からお尻の肉へと舌を這いずらせていきました。

「いじわる、焦らさないでください」

奥さんがもどかしげに膝を曲げ伸ばして、ヒップをうごめかせました。

「は、はやく、アソコ……」

私はヒップのふくらみを両手で左右に押し広げ、剝き出した割れ目の中心に顔面を押し込んでいきました。お尻の肉がむっちりと頰を挟みつけてきました。

「あ、ああ、いやらしい……興奮しちゃう」

奥さんの甘い匂いに濃厚な欲情臭が混じって、私の鼻に流れ込んできました。

舌先をとがらせて伸ばすと、濡れてうごめくヴァギナの割れ目に埋まっていきました。小陰唇と思われる肉厚の粘膜がウネウネとナメクジのように動いていました。

「あぁっ、舌が……見えるみたい」

奥さんが大きく膝を屈伸させてヒップを揺らしました。自ら陰部をこすりつけるようにして私の舌を求めてきたんです。私はクリトリスを舌で弾いてこたえました。

「いいっ、そこそこ、そこが気持ちいいとこ！」

汗の塩気を含んだ甘ずっぱい愛液をジュルジュルと音を立てて吸い込みました。口の中から胃の中までが、淫らな快感にしびれていくようでした。

「ね、ねえ、電器屋さん……」

荒い息遣いの中で、奥さんの色っぽい声が呼びかけてきました。

「あの……お尻の穴も、舐めてもらえませんか？」

熟女の淫らなおねだりに、私はめまいを感じるほど興奮しました。

「は、はい、わかりました」

私はさらにヒップの肉を押し広げ、割れ目に沿って舌を登らせました。お尻の合わせ目にびっしりと浮いた汗が頬にねばりついてきました。這い上がった舌先に、呼吸をするように収縮する括約筋のうごめきが触れました。

「あぅ……そ、そこ」

奥さんの息遣いに合わせて、湿り気を帯びた肛門も息づいていました。舌をとがらせてグルグルとほじると、ヒクヒクと収縮して締めつけてきました。

「あぁっ、私、自分の家で……初めて会った男の人に、お尻の穴を舐められてる。感じちゃう。はぁっ、いやらしくて……気が狂いそう」

私は必死でうごめくアナルを舌先でほじりました。ずっと奥さんにリードされていたので、なんとか自分のペースに持ち込みたいと思っていたのです。夢中で舌を動かしながら、膣の入り口を指で探っていきました。

「あうッ、あぁッ、そんなのダメェ」

奥さんが髪を振り乱して、ヒップを揺さぶりました。私は揺れ動くヒップを左腕で押さえて、アナル舐めを続けながら、右手の中指と人差し指を膣の穴に埋《うず》めていきました。奥さんの左右の膝が交互に伸び縮んで、全身が激しく震えました。

「んんっはぁ、いっぺんにそんなこと」

さらに私は左手の指をクリトリスに押し当て、三カ所を同時に責め立てました。

「ダメ、ダメ、イッちゃう！」

奥さんの太ももが激しく痙攣して、むっちりと丸いヒップが飛び跳ねました。

「もおっ、入れて……入れて、電器屋さん！」

奥さんが色っぽい声を響かせて、切羽詰まったように訴えてきました。ペニスはしばらくさわってもいなかったのに、反り返ってドクドクと脈打っていました。

「奥さん、どこに、何を入れればいいんですか？」

私がそう言って立ち上がると、奥さんは立ちバックの受け入れ態勢でヒップを突き出し、AV女優のように淫語を口走りました。

「電器屋さんのチ○ポを、私のオマ○コに入れて！」

私はペニスの根元を支えて、ヴァギナに亀頭を押し当てました。そのまま尻の筋肉にグイッと力を入れると、ペニスは根元まで入っていきました。

「ああうっ、きたぁ……乱暴にしていいですから」

奥さんのウエストを両手でつかんで、一気に強く大きく腰を前後に動かしました。

「あっ、そおっ、最初から激しくて、アアウゥッ」

両脚を踏ん張って、激しいピストンを繰り返すと、また、全身から汗が噴き出しました。つかんだ奥さんのウエストも、瞬く間にヌルヌルにすべっていきました。

「あっ、あっ、オマ○コ、気持ちいい！」

奥さんの淫語に激しい劣情を覚えて、私は貫くような出し入れを刻みました。出っ張ったカリの笠を膣口にこすりつけるように往復させてから、腰骨をヒップに叩きつけて、勢いよくペニスの根元まで突き入れました。そのたびに肉厚の小陰唇がペニスに巻き込まれて、アナルがキュキュッと収縮したんです。

「あぁあっ、もっと、メチャクチャにして！」

そう発した奥さんの背中から腰がうねり、下半身を躍動させてきました。私の精いっぱいの出し入れと相まって、より激しい挿入リズムを生みました。

「あっ、いいっ、すごく感じちゃう、電器屋さんのセックス」

「奥さんのセックスも、いやらしくて最高です」

私は指に吸いつくお尻の肉をもみくちゃにしながら、歯を食いしばって続けざまに奥まで突き入れました。奥さんも貫いてくるペニスを受け止めようと、両脚を踏ん張り、グイ、グイッとヒップを突き出してきました。

「す、すごっ……激しすぎるぅ」

奥さんが快感を感じれば感じるほど、ヴァギナの中が収縮して、生き物のような粘膜がペニスにまとわりついてくるようで、強烈な射精感に襲われました。

「ぐっ、俺、もおっ、出そうです」

耐えようとしても、我慢できそうもありませんでした。私は亀頭の振幅を最大限まで大きくして、射精に向かうラストスパートのピストン挿入を始めました。

「はっ、あっ、私もイキそっ」

奥さんがヒップを突き上げ、背筋を反らせました。

天井に向かってのけぞらせた頭をやみくもに振り乱していました。

「あぁぁっ、いっ、イッちゃう」

私は息を止めて、快感のラストスパートを繰り返しました。湿った肉のぶつかる破裂音が響くたびに、挿入部分で白濁した粘液がしぶきを上げました。

「ぐうっ、こ、このまま、出しますよ」

「ああんっ、いっしょに！　あう、イクッ」

尿道口が破裂しそうな勢いで精液が飛び出しました。二度、三度と続けざまに飛び出し、そのたびに奥さんのウエストがキュンキュンと反り返りました。

「いっ、奥に、奥に当たってるっ！」

急激な放出感に両脚がしびれて、私は腰が抜けそうでした。

「あぁっ、も、もう、死んじゃう……」

奥さんの膣内は、ビクビクと痙攣する四肢が動かなくなるまでうごめいていました。

「うっ、くうぅ……もう出ない」

空っぽになるまで射精した私は、ふらふらと床に尻モチを着いてしまいました。

正気に戻った私たちは、お互い、そそくさと身支度をととのえました。それから私がチラッと奥さんに視線を向けると、恥ずかしそうに笑っていました。

それからというもの、一週間に一度は正気を失ってしまうのです……。

# 年上好みの若い男性患者に気をよくして深夜の病室で性処理するベテラン看護師

田村佐和子　看護師・五十歳

経験三十年のベテラン看護師です。この仕事一筋にやってきて、もうすぐ五十路ですが、結婚はもちろん、恋愛もまともにしてきませんでした。それでも仕事が好きだし、張り合いのある毎日を送っています。

でも、そんな私にも、やっぱり「女」としての部分が残っているんだと思う出来事があったので、それを書こうと思います。恥ずかしい話ですが、いまでもあのことを思い出すと、乳首がうずくし、股間がジュンジュンしてきます。この年齢になっても、やっぱり私は「女」なんだなあと思います。

半年ほど前、私が勤務する外科病棟に加藤《かとう》さんという青年が入院してきました。入院患者はほとんどが高齢者なのですが、加藤さんはまだ二十代の、しかもかなりのイケメンです。ふだんは冷静に仕事に打ち込んでる看護師たちが、さすがにざわつきました。加藤さんは個室だったのですが、用事があるときは、誰が病室に行くかでみんな競い合ったり、打ち合わせや引き継ぎのときも、加藤さんの様子は特にていねいに伝えられました。いつもおじいちゃんおばあちゃんのお世話しかしてないから、それも無理はないと思いましたが、ああ、この子たちもふだんから男に飢えてるんだなあと思いました。

そんな中で、さすがに私はふだんどおりでした。いくらいい男でも相手が二十代では、ときめきもありません。たとえこちらがその気になっても、向こうはいい迷惑ですから。母親といってもいいくらいの年齢差です。浮足立ってる若い看護師たちを横目に、私はいつもと同じように仕事をしていたのです。

でも何日かたって、意外なことになりました。加藤さんは、若い看護師にはまったく関心がないことに気づいたのです。そして、ほかのどの看護師よりも私に気をゆるしているんじゃないかと思うようになったのです。

もともと愛想がいい人だから、だれに対しても笑顔になるのですが、若い看護師には社交辞令的なことしか言わないし、笑顔も、いかにも愛想笑いなのです。

看護師の中には、かなりきれいな子もいて、病棟のアイドル的な存在になっていて、おじいちゃんの患者さんたちは彼女が病室に入っていくと、みんなワッと盛り上がります。冗談を言ったり、たまにはエッチなことを言う人もいます。そういう子たちは、自分がアイドルだと知っていて優越感を持ってるし、ちょっと鼻高々で患者さんに接するのですが、それがまた患者さんたちには好評だったりします。

当然そういう子たちは、加藤さんに積極的にアタックしてました。だれが加藤さんを落とすかで、みんなライバル心を燃やしていたのです。

でも加藤さんのほうは、そういう子には無関心なのです。うわべだけの会話しかしないし、あまりうれしそうではありません。おじいちゃんたちの反応に比べたらほんとうに薄っぺらなのです。アイドル看護師たちは、それがまたいいみたいで、ほかの患者さんたちみたいに軽々しい態度じゃないのがステキだなんて言ってましたが、でも私の目には、ただスルーされてるだけにしか見えませんでした。

でも、そのうち私は気がつきました。加藤さんには、たった一人だけ本気でうれしそうな笑顔で接する看護師がいたのです。それが私でした。

最初はかなり不思議でした。なぜ私に対してだけ、積極的に話しかけたり、ほかの子には言わないような冗談を言ったりするのだろうと思っていました。笑ってる顔も、社交辞令ではなくて、ほんとうに心から無邪気な笑顔を浮かべてくれました。

あるときなんか、用事が終わって病室を出ていこうとする私に、

「今度の検温のときも、佐和子《さわこ》さんがいいなあ」

と言ったのです。名前を聞かれたことがあってフルネームを教えたのですが、それをちゃんと覚えていて下の名前で呼んできた加藤さんの顔は、ちょっと照れくさそうで、恋をしてる少年のようでした。

そんな加藤さんを見てるうちに、私はわかったのです。

加藤さんは、若い子にはまったく興味がなくて、私みたいなうんと年上の女が好きな、いわゆる熟女好きだったのです。

それに気づいてからは、私のほうもなんだか意識するようになりました。

そしてそれが伝わったのか、話す内容も少しずつ変わってきました。入院生活のつらさとかさびしさを素直に話してくれたりして、加藤さんの病室にいる時間が少しずつ長くなってきました。そうなると私のほうも、あんなに若くてきれいな看護師がいるのに、私みたいなおばさんにだけ心を許している加藤さんのことが、とてもいとしく思えてきました。

実家が地方なので家族は誰もお見舞いにきません。彼女はいないのか尋ねると、

「ぼく、同年代の子と話すのが苦手なんですよね、佐和子さんくらいの女性だと安心して話せるんだけどな。佐和子さんの旦那さんがうらやましいです」

なんて言うので、私はずっと独身だと話すと、加藤さんはとてもうれしそうな顔をしました。いま思い返すと、その顔を見たとき、なんだか私の中でスイッチが入ったような気がします。

この子は私の思いどおりになる。

ふと、そんなことを思ったのです。自分の中にそんな感情があったなんて不思議です。もしかしたら、私のほうも若い男にしか目のない女なのかもしれません。

「彼女がいないんじゃ、いつも、一人で性欲処理してるの?」

大胆にも、そんなことを尋ねました。自分でも驚きました。

「は、はい、そうですね、自分でするしかないから」

赤い顔をして素直に答える加藤さんは、無意識に毛布の上から下半身を押さえました。私はその手の下にある若いペニスを想像してしまいました。

「もったいないわね。若いと、毎日でもしたいんじゃないの?」

「はい、正直言うといつもは毎日してます。でも、さすがにいまは」

右足を骨折してトイレに行くのも松葉杖が必要です。個室とはいえ、病院でマスターベーションはしにくいと思います。そう思うと、なんだかかわいそうになりました。

「そうよね、ここ、つらいわよね」

私はそう言いながら毛布の中に手を入れて、パジャマの上から、股間をさわりました。そこはびっくりするくらい硬く盛り上がっていました。

「あら、こんなになってるじゃない。若いから勃起しやすいんだね」

「さ、佐和子さんが病室に来るときは、いつもこうなるんです」

私は思わずパジャマの上からそれをこすり上げてしまいました。加藤さんの体がピクンと震えて、切なそうな声を洩らしました。

「いやらしい、私がお薬あげたり検温したりしてるとき、いつもこんなに勃起させてるの？ ねえ、もしかして私が出ていったあと、一人でしてるんじゃないの？」

自分でも、なぜそんな言葉が言えたのかわかりません。もしかしたら、私にはそんな素質があるのかもしれません。ともかく、加藤さんの反応を見て自分が優位に立っているのがわかると、どんどんいやらしい気分になっていったのです。

「はい、正直、佐和子さんを思い浮かべて、一人でこすったことあります」

「あら、かわいい。そんなに正直に言われると、私もうれしいわ」

私は別人格になってたみたいです。

「じゃあ、今日は私の指で気持ちよくなってみる？」

「え、いいんですか？」

「いいわよ、ほら、こうしてほしかったんでしょう?」

パジャマの中に手を入れて、パンツの中のペニスを握りました。何年ぶりかの男性器でした。それは火傷《やけど》しそうなくらい熱く太いものでした。しかも先端から溢れた粘液が手のひらを濡らしてきました。

「ほら、これがいいんでしょう? これが好きなのよね」

最初はゆっくりこすり上げました。それだけで加藤さんは、せつない吐息を洩らしました。声が出ないように必死で我慢してるのがかわいくてたまりません。

病室の外では人の声や歩く気配がひっきりなしなのに、そんな中で私は、若い男のペニスをこすっていたのです。

「ほら、あんまり時間ないから、早く出しちゃいなさい」

「こ、このまま出していいんですか」

「いいわよ、ビュッビュッて出しなさい、私の手でイッていいのよ」

やがて加藤さんは歯を食いしばりながら、全身を痙攣させて、私の手の中に射精しました。飛び散らないように全部手の中で受け止めながら、若い男を完全に自分の支配下に置いたような、いままで味わったことのない気分でした。

洗面所で手を洗ってからナースセンターに戻ると、若い看護師に、顔が赤いですよと言われました。必死でごまかしながら、私は加藤さんのペニスをしごいて射精させたんだよと言いたくなる気持ちを必死で抑えていました。

そんなことがあってからは、私も加藤さんの病室に行くのが楽しみになりました。この人は私のことが好きだ、私の思いどおりになる、そんなふうに思うと、彼のことを誘惑して支配してみたいという欲望がわいてきました。そんなこと、生まれて初めてです。いままで異性に対して感じてこなかった欲望が、一気に噴き出した感じです。

私が病室に入っていくと、加藤さんはうれしそうに笑ってくれるので、時間があるときは、最初のときみたいに手でこすって射精させてあげました。時間がないときでも、パジャマの上からしばらくマッサージしてあげたりしました。

そんなとき加藤さんは、白衣の上から私の胸に顔を埋《うず》めたり、乳房をもんだりします。お尻をさわってくることもありました。私の熟した体をなんとかして味わおうとするのが、とてもかわいらしくて、すごくいとしくなるのです。

ときどき、松葉杖をついてトイレに行くのを手伝ってあげることもありました。二人並んで便器の前に立って、彼のおち○ぽを出して、おしっこしてる間ずっと握っててあげるのです。本当はそんな手伝いは必要ないのですが、加藤さんはときどき私を呼んで、いっしょにトイレに行きたがります。

おしっこしてる間、やわやわとおち○ぽを刺激してあげて、おしっこが終わってからも、そのまましごきつづけたりします。そして、便器に向かって発射させることもありました。そのうち、私たちはどんどん仲よくなりました。

若い看護師たちもそのうち、加藤さんが私にだけ特になついていることに気がつきました。といっても、まさか、そんないやらしいことしてるとは思ってないでしょうが、加藤さんが私にだけ心を開いているのは、だれが見ても明らかでした。

若い子たちは、どうして佐和子さんだけ？と陰で不満を言ってるみたいです。加藤さんはまだ若いから同世代の看護師だと恥ずかしくて、年増の私をわざわざ指名するのだと、みんなはむりやり自分を納得させていたみたいです。

「おばさん相手なら、何をされても恥ずかしくないんだよ」

誰かがそう言うのを聞いたことがあります。

私はひそかに優越感にひたりました。本当はその逆で、加藤さんは私の手でおち○ぽこすってほしいんだよ、私の手で気持ちよくなりたいんだよ、あなたたちではダメなんだよ。心の中でそう思っていました。

でも、昼間はそれ以上のことはなかなかできません。

加藤さんも私も、こっそりエッチなことをしながらも、どこか物足りなくて、ずっとモヤモヤしていました。

「ねえ、私とセックスしたくないの？」

あるとき、検温中にこっそり耳元で尋ねました。

「そりゃしたいけど、ここでは無理だから、我慢してます」

そう言って残念そうな顔をする加藤さんを見て、私はどうしても、したくなりました。もしも私が彼とそういうことをして、彼を狙ってる若い看護師たちがそのことを知ったら、どんな顔をするだろう。もちろんほかの看護師に教えるつもりはありませんでしたけど、彼女たちを差し置いて自分だけそんなことできたら……そう思うだけで体がうずいてたまりませんでした。

それで、ついに決行したのです。それから数日後の夜勤のときのことです。私は年齢のこともあってあまり夜勤には入らないのですが、その日は珍しく私の番でした。

夜の検温や投薬が終わってひと段落したころ、病棟の見回りをするふりして彼の病室に行きました。消灯時間が過ぎていて、特に用事もないのに、そっとドアをあけて入ってきた私を見て、すごく驚いた顔をしていました。

「どうしたんですか？　まだ何かありましたっけ」

「ベッドサイドの明かりつけっぱなしで寝たのかなあと思って」

とりあえずそう言いわけすると、彼はうれしそうな顔をしました。

「こんな時間に佐和子さんに会うの、初めてですね」

「昼間よりもドキドキするね」

私はもうムラムラしていました。

「眠れないんだったら、少しお手伝いしようか？　よく眠れるように」

「え？　どうやって？」

「やだ、わかってるくせに、そんなこと聞くんだね。いつもは手だけだから、物足りないと思わない？　それ以上のこと、したいと思わないの？」

「いや、それは思いますけど……我慢するしか……」

「そうなの？　あなたって、そんなにいい子なの？　じゃあ、今夜は私があなたのことを、悪い子にしちゃおうかな」

毛布に手を入れていつものようにパジャマの上から股間をさわりました。

「なによ、もうこんなになってるじゃない」

「仕方ないです、佐和子さんが入ってくると、もう言うこときかなくなるんです」

「かわいいこと言うのね。今日は私のもさわってみたい？」

「え？　いいんですか？」

いつもは白衣の上からさわったりもんだりするだけで我慢している私の体を、そのときは思いきり味わってほしいと思いました。

白衣のボタンをはずし、彼の手をとって白衣の胸元に招き入れると、彼は夢中でブラの中にまで指を入れてきました。そして、指先で乳首を転がしました。

「ああ、佐和子さんの乳首。いつも想像してたんです」

「想像だけじゃ我慢できないよね、舐めてみる？　味わってみたいでしょう」

白衣の前を広げてブラをずらし、おっぱいのふくらみを出しました。赤ちゃんにお乳をあげるように彼の顔の前に乳首を突き出すと、すぐにチュウチュウと吸いついてきます。すごくかわいい。ほんとうに母乳をあげてるみたい。

「じょうずよ、もっと吸って。舌先で転がして」

私はそう言いながらパジャマの中に手を入れ、パンツの中の彼のペニスを握ってしごきました。しごけばしごくほど、彼は夢中で乳首に吸いつきます。男性にそんなことをされるのは何年ぶりだろうなんて思いながら、私は声を我慢してました。

「じゃあ、今度はこっち」

彼の手を握って白衣のすその中に招き入れ、下半身をさわらせました。ストッキングは脱いでいたので指がすぐにパンティに触れました。パンティの上から割れ目をなぞってくる動きが、いかにもいやらしくてゾクゾクしました。

「直接さわっていいんだよ。遠慮しないで、好きなようにしてごらん」

そうささやくと、指はパンティのいちばん狭いところからもぐりこんできて、アソコにじかに触れました。クリトリスを探し当ててそこをいじくり、さらに割れ目のほうをニュルニュル動き回ります。

「佐和子さん、すごく濡れてます」

「そうよ、あなたにいじられて濡れぬれなの。あなたと同じように私もすごく感じてるの。お願い、もっといじって。もっと指を入れて」

加藤さんは言われたとおり、奥まで差し込んできます。アソコが押し開かれて指がググッと入ってくる感触に、思わず足が大きく開いてしまいます。

私たちは、お互いにそうやって性器をいじくり合い、刺激し合いながら、深夜の病室で必死で声を我慢していました。その我慢してる感じに、ますます興奮しました。

そのうち私はパジャマとパンツをおろしてペニスを丸出しにすると、口に含みました。お風呂に入ってないから、ムッとするような異臭がしましたが、それがますます私を興奮させました。

「佐和子さん、き、汚いです、そんなあ」

「私がきれいにしてあげる。全部舐めて、おち○ぽに溜まってる汚いものを舐めとってあげるよ。私に任せなさい」

そう言って隅々までしゃぶり回すと、それはいままでいちばん硬く大きくなってきました。もう理性なんかありませんでした。

「ねえ、入れたい？　入れようか？　私の中に、この硬いの入れたいでしょう」

「え？　いいんですか？」

「もちろん、病室で私たちセックスするの、いいでしょ？」

「はい……佐和子さんがいいなら、したいです」

「素直でいい子ね」

私はパンティを脱ぎました。そして、ゆっくりとベッドに上がって加藤さんの下半身に跨《また》がり、大きくそそり立ってるものをつかんで私の中に挿入しました。

久しぶりの感触に全身鳥肌が立ちました。

「声出さないようにね。あなたはじっとしてて。動くわよ」

そう言って私は少しずつお尻を動かしました。声を出さないように言ったのに、出そうになったのは私のほうです。若いペニスが狭いアソコの中を出たり入ったりするたびに、恥ずかしい声が洩れそうになりました。唇を噛んで必死に我慢しながら、上下左右いろんな方向に動きました。

　彼は私のお尻をかかえて揺さぶるようにしたので、二人の動きがあいまって、私のそこは、いろんな方向に刺激されました。ふだんセックスとは縁のないぶん、私の体はすっかり喜んでいました。頭で考えなくても、私のお尻は勝手に好きなように動いていました。

「どう？　私たち、一つになれたんだよ。私たち、セックスしてるんだよ」

「幸せです。ずっとこうなればいいなあと思ってました」

「かわいいこと言うのね。いっぱい感じなさい」

　若くてきれいな看護師がたくさんいるのに、この若い男の体を手に入れたのは私なんだと思うと、幸福感も倍増です。私のアソコにペニスを締めつけられながら、歯を食いしばって感じまくっている彼の顔を見おろしながら、私もあっという間に快感が盛り上がってしまいました。

　怪我をしている彼の右足をかばいながら腰を振り、自分でクリトリスもいじってしまいました。クリとアナとを両方同時に責められるのに私は弱いんだったと、途中で思い出したのです。それだけ私は、すごく長いことセックスしていなかったのです。

「佐和子さん、いやらしい、自分でクリトリスさわってる」

「そうよ、私はスケベなの。あなたの若いおち○ぽで感じまくってるの」

お互いに必死で声を我慢しながらも、エクスタシーに近づいているのはわかりました。ああ、この子、私のおま○こで感じまくって射精するんだ、そう思うと、どうしても彼の精液が欲しくなりました。

「イキそう？　出る？　ねえ、あなたの飲んであげる、いいでしょ？」

「は、はい、うれしいです、飲んでほしい」

私はさらに腰を動かしました。

ベッドがギシギシ音をたてていました。まずいなあ、だれかに聞かれたらどうしようと思ってヒヤヒヤしました。もう一人の夜勤の看護師はいつナースコールがあってもいいようにナースセンターを離れませんが、ほかの患者さんがもしかしたら夜中にトイレに行くこともあります。こんなことがバレたらたいへんだと思いながらも、でも快感は止められません。加藤さんも、自分で自分の口を押えていました。

その様子を見ていると、とてもいとしくなって、思いきり締め上げながら激しくピストンしました。そしてついに彼が果てたのです。

「あっ、佐和子さん！」

その瞬間、私は体を離して彼のおち○ぽを口に入れました。ドクンドクンと震えながら、彼は濃厚なものを何度も発射して、私に飲ませてくれたのです。

いま思い返したら、時間にして十分ほどのことでした。深夜の病棟ではそれが精いっぱいです。でも、私にとっては充実の十分間でした。もちろん加藤さんもすっかり満足しきった顔をしていました。

それ以来、私たちはますます親しくなりました。自分が誘惑して若い男の子を落としたのだと思うと、なんだか自分に自信を取り戻せた気もします。そして、加藤さんが退院するまでは夢のような日々を過ごしたのです。

もちろん、若い看護師たちはだれも知りません。私たちだけの秘密です。でもそれから私は、また若い男が入院してこないかなあと心待ちにしているのです。

# 第二章

# 禁忌の交わりに興奮はいや増し

# 妻の留守中に酔って帰宅した義母との過ち　ペニスの先端をぐちょぐちょの割れ目に……

井畑俊二　会社員・三十一歳

友人の紹介で知り合った美香《みか》と結婚したのは、去年の五月のことでした。八歳年下の美香は母一人子一人の母子家庭で育ち、私が次男ということから彼女の実家で同居する話が持ち上がりました。

義母の佐栄子《さえこ》さんは保険の外交員をしており、四十八歳という年齢にもかかわらず、外見が若々しいうえに体はむっちりした魅力的な熟女です。

本音を言うと、佐栄子さんならと、同居を決めた経緯がありました。

美香が遠方に住む友だちの結婚式に参列するため、一泊の予定で東京を発った日のことです。

佐栄子さんは友人としこたま飲んだらしく、かなり酔っぱらって帰ってきました。

「佐栄子さん、どうしたんですか？」

「ちょっと、飲みすぎちゃったみたい」

「玄関なんかで寝てたら、風邪引いちゃいますよ」

「う〜ん、寝室まで連れてって」

いくら呼びかけても、岩のごとしといった感じで少しも動こうとしません。

私は寝室に連れていこうと、仕方なく彼女の体を抱き起こしました。

「しっかりしてください」

豊満な肉体は思っていたより重く、奥の部屋まで連れていくのはひと苦労でした。

反動をつけて肩を担いだ瞬間、バストの側面が脇腹に触れ、むちっとした感触にハッとしました。

横目でチラ見すると、砲弾状に突き出た胸が官能的で、自分の意思とは無関係に男の本能が目覚めてしまったんです。

海綿体に血液が流れこみ、ペニスがピクリと反応しました。

いけないと思いつつ、なんとか部屋まで連れていき、そのまま佐栄子さんをベッドに寝かせました。

ところが寝かせ方が悪かったのか、スカートのすそがめくれ、むっちりした太ももが露《あらわ》になっていたんです。

のどがゴクリと鳴る音が、自分の耳にもはっきり届きました。

ふっくらしたバストと肉づきのいい太ももを交互に観察するなか、ペニスがふくらんできて、下腹部全体をムラムラがおおい尽くしました。

それでも、このときまではまだ理性を保っていたんです。

「ちょっと、起きてください。そのまま寝ちゃったら、同じことですよ。ちゃんと服を脱いで、布団の中に寝ないと」

肩を揺すって声をかけた直後、佐栄子さんは目をうっすら開け、やけに甘えた口調で訴えました。

「ううん、あなたが脱がせて……」

「はい？　何、言ってるんですか。そんなこと、できるわけないでしょ」

「全部、脱がせて」

「冗談はやめてください」

「見たいんじゃない？　知ってるのよ。私の体をまじまじと見つめてたこと」

心臓が破裂しそうなほど高鳴ったのですが、このときは必死に平静を装《よそお》いました。

「ひどく酔っぱらってるみたいですね」

「そりゃ、ベロンベロンだけど、意識はちゃんとあるわ」

「もう行きますから、しっかりしてくださいね……あ」

そう言いかけたとたん、佐栄子さんの手が私の股間に伸び、恥ずかしい箇所をキュッとつままれました。

「な、何するんですか？」

「ふふっ、ほら、やっぱり大きくしてるじゃないの」

下腹部に視線を振ると、ハーフパンツの頂点は大きくふくらみ、ペニスは八分勃ちの状態を示していました。

「どうして、こんなになってるの？　あの子としてないの？」

「……あぁっ」

思考回路がショートし、金縛りにあったように体が動きませんでした。

「あらあら、どんどん大きくなってくるわよ」

「や、やめて……ください」

「やめちゃって、いいのかしら？」

細長い指先は勃起に沿って這い回り、パンツの下でドクドクと脈打ちました。

昂奮したのは、性器をさわられて気持ちよかっただけではありません。

しっとり潤《うる》んだ瞳、赤らんだ頬、妖しく濡れた唇と、あだっぽい表情が牡の本能をさらにスパークさせたんです。

佐栄子さんが舌先で唇をなぞり上げた瞬間、昂奮のボルテージは最高潮に達し、私は両膝をガクガクふるわせました。

「ビンビン……このままじゃ、収まりがつきそうにないわね」

「あ、あ、何を」

パンツの腰紐がはずされていく光景を、私は夢の中の出来事のように見つめていました。もしかすると、脇目も振らずに女手一つで娘を育て上げ、欲求が溜まっていたのかもしれません。

とはいえ、私にとっては義理の母にあたるわけですから、淫らな関係を結ぶわけにはいかず、ただ放心状態のまま立ち尽くすばかりでした。

「だ、だめですよ」

「いいの、私に任せておいて」

彼女は身を起こし、ハーフパンツとトランクスのウエスト部に手を添えて剝きおろしました。

「あ、ああっ」

猛々しい牡の証《あかし》は反動をつけて跳ね上がり、義母の前で先走りの汁が扇状に翻《ひるがえ》りました。

あのときの恥ずかしさは、生涯忘れないと思います。

「まあ……すごいわ」

佐栄子さんは熱い溜め息をこぼしたあと、キラキラした目をペニスに向け、今度は悩ましげに舌舐めずりしました。

「や、やめて……く、おっ」

ペニスの根元を握られた瞬間、青白い稲妻が脳天を貫きました。

「やめてほしくないんでしょ？　素直になりなさい」

「ん、むうっ」

思わず腰を折り曲げたところで勃起をグイッと引っぱられ、同時に勃起をシュッシュッとしごかれました。

「あ、おおぉっ」

涙目で見おろすと、鈴口から早くも我慢汁が糸を引いて垂れ滴《したた》っていました。

「あぁ、すごい、手の中で跳ね躍ってるわ」

カウパーのしずくがカリ首を伝い、指のすき間にすべりこんではニッチャニッチャと淫らな音を奏でました。

「おおっ、おおっ」

あのときは脳みそが沸騰し、自分が自分でなくなるような感覚でした。

佐栄子さんとの背徳的な行為を拒絶できず、瞬《また》きもせずに股間を見つめるばかりだったんです。

射精願望が急カーブを描いて上昇し、油断をすればすぐに射精へのスイッチが入ってしまいそうでした。

もちろん、義理の母の前で精液を放出するわけにはいきません。

ところが会陰を引き締めた直後、彼女はなんと股間に顔を被せてきたんです。

あっと思った瞬間にはなまめかしい舌が差し出され、亀頭からカリ首、そして胴体を滅茶苦茶に舐め回されていました。

「あ、あ、あ……」

「んっ、ふっ、はぁ、おいしいわぁ」

佐栄子さんは甘ったるい鼻声を洩らし、顔を左右に揺らしながらペニスに快感を吹きこみました。

勃起は瞬く間に大量の唾液にまみれ、照明の光を反射して、ぬらぬらと淫靡な照り輝きを放ちました。

初体験のときはもちろん、美香を初めて抱いたときでさえ、あれほど昂奮したことはありません。

背徳感という状況が性感を研ぎ澄ましているのか、荒々しい情欲は怯《ひる》むことなく昇りつめ、全身の細胞が快楽一色に染まってしまったかのような感覚でした。

じゅぽっ、じゅぱっ、じゅぷっ、じゅるるるるっ！

顔のスライドが徐々に速度を増し、ビデオの早回しさながら、めくれ上がった唇がペニスの表面を何度も往復しました。

生温かくて、ぬるぬるの感触が心地よく、精液があっという間に出口になだれこんでしまったんです。

「あ、あ……佐栄子さん……も、もう……」

「だめよ」

「あ、くうっ」

射精寸前、佐栄子さんはペニスを口から抜き取り、根元を指でキュッと締めつけました。

精液が睾丸に逆流したときの切なさといったら、とても言葉では言い表せません。

「イキたい？」

「そ、それは……」

「イキたいのか、イキたくないのか、どっちなの？」

「イキたい……です」

美熟女はほくそ笑み、ペニスを手でまたもやしごきました。

「おっ、くうっ」

「裸になっちゃいなさい」

指示されるやいなや、私は息せき切ってシャツを脱ぎ捨て、足元に絡みついていたハーフパンツと下着を剝ぎ取りました。

「私の服も脱がせて」

全裸になったところで、佐栄子さんはペニスから手を離し、あおむけに寝転びました。

このときには、ためらいは一パーセントもなく、私は鼻息を荒らげながらベッドに這いのぼり、彼女のワンピースを脱がせていったんです。

首筋から甘ずっぱい匂いがただよい、しっとりした肌が手のひらに吸いつきました。

佐栄子さんは自ら腰を浮かせ、ワンピースを引っぱりおろした瞬間、私は目をこれ以上ないというほど見開きました。

総レース仕様のブラジャーとショーツは布地面積が異様に少なく、いかにもセクシーランジェリー系の下着でした。

しかも目に映えるほどの深紅だったのですから、あまりの色っぽさにペニスはいきり勃《た》つばかりでした。

「ブラをはずして」

「い、いいんですか？」

「早く」

フロントホックのブラジャーをはずすと、彼女は自ら肩紐をはずし、続いて魅力的な言葉を投げかけました。

「今度は下よ」

「は、はい」

私は震える指をショーツの上縁に伸ばし、そろりそろりとおろしました。

ふっくらした股間のふくらみ、逆三角形に刈り揃えられた恥毛、くっきりしたY字ラインに胸が騒ぎました。

「ああ……」

太ももの肉づきがまたすばらしくて、赤い布地をおろすごとにふるんと揺れ、ペニスはフル勃起の状態を維持したまま、激しい脈動を繰り返すばかりでした。

ショーツを足首から抜き取ると、佐栄子さんは足をM字に開き、ぱっくり開いた女陰に目が釘づけになりました。

サーモンピンクの発達した陰唇、裂け目からのぞく深紅色の粘膜、ボリューム感に溢れたクリトリスはすでに包皮が剝き上がっていました。

膣口からはとろっとした愛液が滴り落ち、甘ずっぱい匂いがぷんぷんと香り立っていたんです。

「お、おおっ」

「……舐めて」

言われるがまま、私はこんもりした女肉にかぶりつきました。

「んっ、んぅっ」

舌を跳ね躍らせて舐め回すと、佐栄子さんは上体をピクリとのけぞらせ、鼻からくぐもった吐息を放ちました。

「いいわ、もっと舌を使って」

割れ目から愛液が絶え間なく溢れ、私の口の周りは瞬く間に愛液と唾液まみれになりました。

それでも稚拙《ちせつ》なクンニリングスでは満足しなかったのか、自ら恥骨を振りたて、ヒップを小刻みに回転させてきたんです。

「はあぁ、あぁぁ、んぅうっ」

アルトボイスの嬌声が延々と響くなか。私は無我夢中で女肉をむさぼり味わいました。

彼女がほんとうに感じているのか、いないのか。確信はなかったのですが、やがて肉厚の腰がひくつき、ヒップが小さくバウンドしました。

「はあぁぁ、気持ちいいわあ」

一オクターブも高い声が耳に届くと、私は顔を上げ、佐栄子さんの様子をうかがいました。

うつろな目、うっとりした表情を目にした限り、軽いエクスタシーに達したのかもしれません。

再び女肉に口を近づけようとした刹那、彼女はさらに足を開きながら言いました。

「……来て」

「い、いいんですか？」

「我慢できないわ。早く」

嬉々とした表情で身を起こした私はふくよかな体に抱きつき、ペニスの先端をぐちょぐちょに濡れた割れ目に押し当てたんです。

「おっ、おっ、おっ」

ひりつき感や抵抗感は、少しもありませんでした。

しっぽりした入り口が亀頭を優しく包みこみ、驚いたことに膣内粘膜がうねりくねり、ペニスが膣の奥に手繰り寄せられました。

「あ、くおぉっ」

ペニスはあっという間に根元まで埋めこまれ、心地いい快感電流が下腹部を包みこみました。

膣内粘膜がさざ波のようにうごめき、胴体をキュッキュッと締めつけてくるのですからたまりません。初めて経験する感覚に驚きを覚える一方、ペニスがとろけるのではないかという感触に背中がゾクゾクしました。

結合したまま射精願望をなんとか先送りし、腰のスライドを開始すると、佐栄子さんは身をくねらせ、悦の声をあげました。

「はあぁ、大きくて硬いわぁ」

ゆったりしたピストンにもかかわらず、ペニスに受ける快感は徐々に大きくなり、いったんは落ち着いたはずの射精欲求も息を吹き返しました。

美香の場合はあそこがキツキツで、痛みさえ感じることがあったのですが、佐栄子さんの膣は締めつけず緩すぎず、サイズ的にもちょうど合っていたのではないかと思います。

四十歳以上の女性を抱いた経験は初めてだったので、あのときは熟れた肉体のすばらしさに感動さえ覚えていました。

「ああっ、ああっ」

私は低いうめき声を盛んにあげていたのですが、逆に佐栄子さんの声は次第にトーンが高くなり、反応も目に見えて派手になっていきました。

「はぁ、ふうっ、んはぁっ」

自ら乳房をもみしだき、ヒップをグリンと回転させ、はたまた恥骨をこすりつけ、さらなる快感を求めているようでした。

彼女が身悶《みもだ》えるたびに、こなれた媚肉がペニスを引き転がし、頭の中で白い光が何度も明滅しました。そして睾丸の中の精液が荒れ狂い、放出感が迫り上がったところで、ついに我慢の限界を訴えたんです。

「あ、も、もう……」

「もう少し我慢して」

本格的なピストンの前にギブアップするなんて、いま考えても情けない話です。歯を食いしばってこらえた瞬間、佐栄子さんはヒップの動きを止め、身を起こしました。

「今度は、あなたが下になって」

「は、はい」

多少なりともインターバルを与えられ、ホッとしたのも束の間、熟女は腰を跨《また》がるや、猛烈なスライドでたわわなヒップを叩きつけてきました。

「あ、おおおっ」

下腹部に受ける圧迫感とともに巨大な快楽が股間をおおい尽くし、頭の中がピンクの靄《もや》に包まれました。

正常位のときは必死に腰を動かしていたつもりでしたが、あまりの気持ちよさに単調になっていたのか、彼女には満足できなかったようです。

柔らかいヒップが、私の太ももをバチーンバチーンと打ち鳴らしました。

恥ずかしながら、私は腰をまったく使えず、腰骨が折れるのではないかと思うほどの迫力に目を丸くするしかなかったんです。

結合部からは卑猥な水音が響き渡り、大量の愛液が会陰から肛門まで滴るほどの凄まじさでした。

「ああっ、いい、いいわぁ！」

「ぐ、くくっ」

奥歯をギリリと噛みしめ、全身の筋肉をこわばらせて我慢したものの、熟女の猛烈ピストンは私の自制心を根こそぎなぎ倒していきました。

「さ、佐栄子さん！　イクっ、イッちゃいます」

「いいわ、イッて、私もイキそうなのっ！」

「は、ううっ！」

驚いたことに、佐栄子さんはトランポリンをしているかのように体を弾ませ、さらに腰を激しくしゃくり上げました。

「ひっ、ひっ、いい、あ、はぁあっ！」

「あ、あ……」

髪を振り乱して狂乱の声をあげる彼女の姿を仰ぎ見ながら、愛液まみれのペニスがぬめり返った膣肉に何度もこすられました。

このまま、中に出してしまっていいものか。不安が頭をかすめるも、言葉がのどの奥に詰まり、私は口をへの字に曲げて巨大な快感を全身で受けとめていました。

「はあっ、イクっ、イッちゃうわ！」

ヒップがグラインドした瞬間、ペニスが膣の中でねじられ、同時に自制心が木っ端《こ ぱ》微塵《みじん》に吹き飛びました。

「ああっ、イクっ、イックぅぅっ‼」

腰が前後にわななないたところで、ペニスがさらにもみくちゃにされ、体が天に舞いのぼるような感覚に包まれました。

「あ、あ、もうだめですっ！」

臀部をバウンドさせた直後、佐栄子さんはタイミングよくヒップを上げ、膣からペニスを抜き取りました。そして体を後方に移動させ、半透明の愛液をまとったヌルヌルの胴体を手でしごきたてたんです。

くっちゅっ、くっちゅっ、ぐちゅちゅちゅちゅーっ。

淫らな擦過音が聴覚を刺激し、私は頭を起こして股間を見つめました。

佐栄子さんは猛烈な勢いでペニスをなぶりたおし、合間に亀頭や横べりにキスを浴びせては舌で舐めしゃぶりました。

今度は卑猥な光景が視覚を刺激し、私はついに射精の瞬間を大声で告げたんです。

「ああっ、イクっ、イキますっ！」

「いいわ、たくさん出して！」

しなやかな指がカリ首をこすり上げた刹那、亀頭がブワッとふくらみ、鈴口から大量の精液がほとばしりました。

よほど昂っていたのか、放出は一度限りで終わらず、二発、三発と立てつづけに跳ね上がり、佐栄子さんは目を白黒させながら感嘆の溜め息を洩らしました。

「すごいわ、やっぱり若いのね。まだ出る」

「あ、ううっ」

あんなに気持ちのいいセックスは、初めてのことです。佐栄子さんはそのまま眠ってしまい、私はシャワーを浴びてから自室に戻りました。

翌日はいつもと変わらぬ素振りを見せ、昨夜のことをうかがうと、まったく覚えていないとの答えが返ってきました。

ほんとうに記憶がないのか、それとももとぼけているのか。

いずれにしても、私のほうはあの日の快感が頭から離れず、ずっと悶々《もんもん》とした日々を過ごしているんです。

# 図書館でのバイブオナニーに病みつきになり見ず知らずの男のモノを車の中で咥え込み

下川佳代　主婦・四十五歳

私には昔からひそかな露出願望がありました。

もともと私は内気な性格で、学生時代は同じクラスの男子ともうまく会話できませんでした。それなのに頭の中はいやらしいことでいっぱいで、授業中もよく淫らな空想にひたっていました。

たとえば、身体検査で私だけ裸にさせられ、同級生たちにジロジロと恥ずかしい姿を見られてしまう。あるいは水泳の授業で水着を忘れ、裸で泳がさせられてしまう。想像するのは恥ずかしい目に遭う自分の姿ばかりです。それが自分の性癖だと、中学生のころにはすでに気づいていました。

そんな私も社会人になり、人並みにおつきあいをして二十五歳で結婚をしました。

しかし出産を経験し子育てに追われても、露出願望が消えることはありませんでした。むしろ四十代に差しかかったころから、妄想するだけでなく露出を実行してみたいと思うようになりました。

そうなってしまったのも、夫との性生活がずいぶんご無沙汰だったからです。せめて月に一度でも抱いてくれれば、我慢できたかもしれません。しかし半年も放っておかれると、体が疼いてセックスとは別の刺激を求めてしまうのです。

そんなある日、私がたまたま立ち寄った場所で、思いがけない発見をしました。図書館です。たまには本でも読もうかとなにげなく入ってみると、そこは大勢の人が静かに読書をしていました。

私もイスに座って本を読みはじめたところ、なぜかあそこの奥がムズムズ、ウズウズと疼きはじめました。

もちろん読んでいる本はいやらしいものではありません。それなのに淫らな気分にスイッチが入ってしまい、一人で興奮を感じていたのです。

そのときは自分でもどうしてなのか、さっぱりわかりませんでした。ただ何度も足を運ぶうちに、私にはあの静かに本を読むための空間が、露出願望を刺激してくれる場所だと気づいたのです。

私は図書館に行くと、まず男性が座っているテーブルを探します。それから適当な本を持って男性の向かいに座るのです。

お互い黙って読書をしていますが、実は私はこのときテーブルの下で、こっそりスカートを太ももまで持ち上げているのです。

スカートの下に下着ははいていません。私は少しずつ足を開き、テーブルの上から見えない場所で、あそこを大胆にさらけ出しているのです。

もちろん周囲の人からも気づかれないように細心の注意も払っていました。足を広げて座っていても、多少だらしない姿勢にしか見えないでしょうし、万が一スカートの中が見えるとすれば、誰かがテーブルの下にもぐり込んできたときだけです。

こうした隠れた露出行為を、私はひそかな楽しみにするようになりました。

しかしスカートの中をこっそり見せびらかすだけでは、やがて満足できなくなりました。どうしても体が刺激を求めてしまい、もっと大胆なことをできないか、新たな方法を探しつづけました。

そこで私は思いきって、ある小道具を通販で取り寄せました。

リモコン式スイッチの小型バイブレーターです。これをあそこに仕込んで図書館に出かけてみることにしたのです。

ほんとうに実行してもいいものか、家を出るまでにずいぶん迷いました。これまでのおとなしめの露出とは違い、周りの人に気づかれるリスクも高まります。

でも好奇心は抑えきれず、私は準備をととのえて家を出ました。

簡単に抜けないように、バイブはあそこの奥まで押し込んであります。歩くときに違和感はありますが、さほど気にはなりません。

図書館に着くと、バレないように自然にふるまいながら本を探し、試しに人から離れた場所でスイッチを入れてみました。

（ああっ、すごいっ！）

ウィーン、とスカートの中から小さな振動が伝わってきます。かすかにですが動いている音も洩れていました。

しかしそんなことは気にならないほど、私は快感にのめり込んでいました。

思わず足元がふらついてしまい、本棚によろけかかりました。じっと立っていられないほどの刺激が、あそこの奥から広がってくるのです。

どうにか席について本を読みはじめても、もうそれどころではありません。おとなしく座っているだけで精いっぱいでした。

この日、私は座ったまま二度もイッてしまい、立ち上がるだけでフラフラになっていました。

もし私に自制心があれば、こんな危険な遊びは一度きりにしていたはずです。

しかしそうはできませんでした。一度味わったスリルに病みつきになり、同じことを繰り返すようになったのです。

あれから毎日のように図書館に足を運び、こっそりバイブのスイッチを入れました。何度となく声を出しそうになり、不審な目で見られたこともあります。そういうときは咳払《せきばら》いをしたり、気分が悪いふりをしてごまかします。

まさか図書館内でバイブオナニーをしている人がいるなんて、誰一人想像もしていないでしょう。そう思うと背徳的な気分になり、ますます歯止めがかからなくなりました。

その日も私は図書館に出かけ、男性のいるテーブルの正面に座りました。

見た目は三十歳ぐらいで、眼鏡をかけたまじめそうなタイプです。読んでいるのは難しそうな経済の本でした。

私も本を読むふりをし、隠し持ったスイッチをこっそりオンにしました。

細かく振動をしながらバイブが動き出します。いつものように私はおとなしく座ったまま、声を押し殺して快感にひたっていました。

ところが目の前にいる男性の様子が変なのです。

本を読みながら、何度もチラチラと私のことを意識していました。それもときおり腰をモジモジさせたり、テーブルの下にも目をやったりと落ち着かないのです。

もしかして……と、私は一瞬あせりました。かすかに洩れてくるバイブの音に、彼は気づいているようなのです。

しかも彼は明らかにわかっていながら、わざと気づかないふりをしていました。テーブルの下をしきりに気にしているのも、きっと私の体から聞こえてくるバイブの音を確かめようとしていたのでしょう。

ここで私は、自分でも意外な行動に出ました。

彼に向かって意味ありげに微笑んでみせたのです。そして鞄に入れておいたペンをわざとテーブルの下に落とし、彼のほうへ転がしました。

「すみません。拾ってもらえますか」

「あっ、はい」

そう言うと、彼は腰を屈めてテーブルの下にもぐり込みました。

私はここぞとばかりに足を開き、バイブの入った股間を見せつけました。

(ああ、きっといまごろあそこをじっくり見られてるんだ……)

そう思うと、たまりませんでした。動いているバイブの刺激もいつも以上に強く感じます。

しばらくしてテーブルの下から頭を上げた彼は、信じられないというような顔をしていました。私のあられもない姿を、しっかり目に焼きつけたのでしょう。

こんな大胆なまねができるなんて、自分でも驚きでした。人に見つかればたいへんなことになってしまう、それは十分にわかっていたのにです。


わかっていながらも、心のどこかでは人に見られたい、気づかれたいという欲求があったのかもしれません。

幸いなことに彼は私の行為に気づいても、騒ぎ立てたりはしませんでした。

それならばと、私はいったん本を置いて席から離れました。立ち上がって向かい側の彼に近づき、さりげなく「ついてきて」と声をかけたのです。

彼は待ってましたとばかりに席を立ち、後ろについてきました。歩きかたが少しぎこちなかったのは、硬くなった股間を隠すためだったのでしょう。

実を言えば、私もバイブオナニーだけで満足していたわけではありません。やはりセックスがしたかったのです。

偶然に出会った男性とはいえ、これはまたとないチャンスでした。どうせオナニーを見られてしまったのなら、セックスを求めるのもいっしょです。

そう私は開き直って、彼を引き連れて図書館の外へ出ました。

向かったのは図書館のすぐ隣にある駐車場です。

ここはいつも私が車を停めている場所で、ふだんはほとんど人もおらず周囲からも目立ちません。入り口から入ると、建物の壁と街路樹にうまく隠れてしまうのです。

「こっちよ。この車に乗って」

そう言って自分の車に連れてくると、彼を助手席に乗せました。

運転席に乗り込んだ私は、すぐさまスカートを腰までめくり上げてみせました。

「さっきもテーブルの下で見たでしょ? 私って露出狂の変態なの」

と、バイブが入ったままのあそこを見せつけます。

ずっと夫に抱かれていなかったので、毛並みは未処理のまま生え広がっています。毛深くて愛液まみれのあそこは、バイブが動いている音まで洩れっぱなしです。

彼は言葉を失ったまま、私の顔と股間を交互に見比べていました。

そんな彼の視線にゾクゾクしたものを感じました。いつも隠れてコソコソ露出していた私にとって、人前で堂々とやるのは初めてです。

興奮した私は、間近で見てくれる彼のために、あそこの奥に入れたバイブを引っぱり出してみせました。

根元を指でつかみながら、今度は入り口付近で出し入れをさせます。

「あっ、ああっ……はぁんっ、気持ちいいっ」

恥じらいも捨ててオナニー姿を披露しました。こうなればとことんまで淫らな自分をさらけ出すつもりです。

「見てて、私がイクところ……あっ、ああっ！　もうダメ、イキそう！」

最後は限界まで足を開き、運転席から腰を突き上げていました。

見られながらのオナニーはこれまでで最も興奮しました。夫にさえこんな姿は見せたことはなかったのです。

「い……いつも、こんなことしてるんですか？」

私がイッてしまった余韻にひたっていると、ようやく彼が口を開きました。

「さぁ、どうかしら。そんなに気になる？」

「いや、だってさっきもいきなりテーブルの下で見せつけてくるし……もしかしてAVの撮影かなと思ってビックリしましたよ」

「私はただの人妻よ。それ以上はどうだっていいじゃない」

あれこれ正体を探られるのは本意ではありません。彼の前では人妻であること以外、正体を隠すつもりでした。

「こんなおもちゃよりも、あなたのものが欲しいの」

そう言うと、私は彼の股間のふくらみをなで上げます。

そこはもう硬くなっていて、テントのように張っていました。すかさずファスナーをおろしてベルトにも手をかけます。

「あの、奥さん。こんなところでは、ちょっと……」

私がズボンを脱がそうとすると、彼は車の外を見渡しながら言いました。

とはいえ彼の抵抗も口ばかりです。そもそも素直に私についてきた時点で、こうなる期待はしていたはずですから。

「だいじょうぶよ。この時間はめったに人なんか来ないから。おとなしく言うこと聞きなさい」

私は命令しながら強引にズボンを脱がせ、ついでに下着も引きずりおろしました。

そそり立ったペニスがピンと跳ね上がります。すかさず私は運転席から彼の股間に顔を埋《うず》め、おしゃぶりを始めました。

「ううっ！」

ペニスを口に含んだ瞬間に、彼が気持ちよさそうにうめきました。

私はしっかり咥えたまま唇を深く沈めます。

あとは顔を動かしながら、口の中でたっぷりとかわいがってあげるだけです。

「おお……」

ペニスに舌を絡みつかせると、彼の声のトーンも変化しました。

ここまでくれば、さすがにもう何も言わなくなりました。快感でとろけてしまっているのか、体から力が抜けてゆくのがわかります。

私はおしゃぶりをしながら、なつかしい気分にひたっていました。

最後に生身のペニスを味わったのは、もう何年前のことでしょうか。夫に抱いてもらうために、必死になってテクニックを磨いてきたのに、それさえもさせてもらえなくなったのです。

その鬱憤《うっぷん》を晴らすかのように、私は執拗《しつよう》に彼のペニスを責めました。

もちろんそれは彼に気持ちよくなってもらうためです。しつこいくらいに舌を絡みつかせ、のどの奥まで吸い立ててあげると、自然と彼の息が荒くなります。

いつしか私まで鼻息を荒くし、興奮して自分の指であそこをいじっていました。

「そ……そんなにされたら、イキそうです」

彼の声が聞こえても私の口は止まりませんでした。

ドクドクッ、と口の中に熱い液が噴き上がったのは、ほんの数秒後でした。ものすごい勢いで次から次に溢れ出してきます。

「ンンッ……ンッ」

射精している間も私は口を離さずに顔を埋めたままです。こぼれないよう唇を引き締め、舌ですくい取ります。

ようやくすべて出尽くしたところで、私は顔を上げて口の中のものを呑み込んでみせました。

「おいしかったわ。ごちそうさま」

私は痴女のように彼にささやきました。ドロッとした生臭いものでも、私にとっては久々に味わうエキスです。

もっとも、一度射精させたからといって、すぐに彼を解放してあげるわけにはいきません。

「まだ終わりじゃないわよ。私を満足させてくれなきゃ」

私は彼の体によりかかりながら、助手席のシートを倒しました。

さほど広くはない車内ですが、大人二人が横になるだけのスペースはあります。幸い、いまだ駐車場には人影もなく、いまならカーセックスも可能です。

「えっ、待ってください。ほんとうにここでするつもりですか？」

「そうよ。ぐずぐずしてたら人が来て見つかるかもしれないでしょ」

私は躊躇《ちゅうちょ》する彼を押さえつけ、射精したばかりのペニスを再び口に含みました。

勃起させると、急いで彼の腰に跨《また》がりました。さっきまでバイブが入っていた場所に、今度は生身のペニスをあてがいます。

「はぁっ……！」

太く硬いものが入ってくる感覚は、バイブよりもはるかに快感でした。

深く腰を沈めてしまうと、あそこの奥をペニスが刺激します。バイブにはない血の通った温かさを感じ、あらためてこれが欲しかったのだと実感しました。

シートに横になっている彼は、騎乗位でつながった私を下から見上げています。

「どう？　あなたも気持ちいいでしょう」

と、腰をグリグリと押しつけると、彼は「ううっ」と顔をゆがめてうめきました。

その反応に私はますます気をよくし、淫らに腰を動かしてみせます。あまり自由な動きはできませんが、狭いシートの上で可能な限り動き尽くしました。

「ああ、気持ちいいです。熱くて締めつけられて……」

「ふふっ、まだイカないでね。もっと私を楽しませて」

私はお尻を波打たせながら、ついでに上着も脱ぎました。

ブラジャーもはずしてしまったので、これでほぼすっ裸です。暑いうえに興奮もしているので、汗が肌を流れ落ちていました。

真っ昼間の公共の場でカーセックスをするなんて、我ながらすごい度胸でした。それだけにスリルと興奮は桁違いです。どんどん自分が異常な世界に染まってゆく、そんな気がしていました。

「いいっ！　すごいっ、こんなに奥まで……ああ、ダメッ！　おかしくなりそう！」

いくら周囲に人がいないとはいえ、大きすぎる喘ぎ声でした。わかってはいても、体が燃え上がってしまってどうしようもなかったのです。

そのときふと、駐車場の出入り口付近に人の姿を見つけ、肝を冷やしました。幸いその人は駐車場前の道路を横切っただけでした。

ホッとしたのも束の間、私は気づいてしまったのです。駐車場前の道路は頻繁に人が行き交っていて、チラッとこちらに目をやっただけで、見つかってしまう可能性があることに。

それでも私は彼の体の上から離れることができませんでした。最後まで絶対にやり遂げようと、危険を承知で腰を振りつづけたのです。

「ああ、そんなに激しくされたら……もう」

休みなく動きつづける私に向かって、彼が弱音を吐きました。

口の中に出されたときと同じように、ペニスはあそこの中から逃がしませんでした。

深く呑み込んだまま、なおもお尻を強く押しつけます。

「あの、このまま出してもいいんですか」

「いいの、中に出してぇ！」

私がそう叫ぶと、とうとう彼は私の中でイッてしまいました。

射精する瞬間を見届けた私は、ようやく動きを止めて腰を浮かせました。

私のあそこから彼が出した液が垂れてきます。二回も発射してぐったりしているわりには、たくさん出してくれました。

「いっぱい楽しませてくれてありがとう。今日のことは絶対に誰にも話さないでね」

私はお礼を言うのと口止めも忘れませんでした。

彼もうなずいてくれましたが、どこか上の空というか、まだ自分が体験したことが信じられないといったような顔でした。

実はこの直後にほんとうに肝を冷やす体験をしました。

というのも、私が服を着てすぐ、一台の車が駐車場に入ってきて、まさに間一髪だったのです。あのまま彼の上で腰を振っていれば、危うく通報ものでした。

こんな危険な橋を渡っても、私はまだ図書館でのバイブオナニーを止められずにいます。

というよりも、一度ああいう体験をしてしまったばかりに、よけいに抑えがきかなくなりました。誰かバイブの音に反応してくれる人はいないかと、今日も図書館を探し歩いているのです。

# ホテル宿泊客の妖艶な熟女に求められエロい匂いのするおま○こを味わって……

田中嶺明　ビジネスホテル勤務・三十八歳

都内の某ビジネスホテルに勤務している三十八歳独身の男です。

ホテル勤務ということで、ときどき友だちに、なんかおいしい思いをすることもあるんじゃないか？　なんて言われることがあります。でも、ラブホテルなら、もしかしたら思いがけないエッチな場面を見てしまうこともあるかもしれませんが、普通のビジネスホテルでは、残念ながらそういう事態は皆無です。

お客様は八割以上は普通のビジネスマンで、受験シーズンになると受験生の利用が増えたり、夏などの観光シーズンに数少ないダブルの部屋に宿泊するカップルやご夫婦がいるくらいです。ほかのホテルでは外国人観光客も増えているようですが、うちはビジネス街に近く、特に観光地もないので、ほとんど日本人ばかりです。

特にびっくりするようなハプニングもなく、仕事に打ち込んでいます。

ところが、先日、まったくもって思いがけないことが起こりました。ホテルで働きはじめて十五年たちますが、あんなことは初めてです。ほんとにビックリしました。夏の初めのころのことです。梅雨が終わりかけていて、昼間はずっと雨が降っていて、夜になってもちょっと涼しかったのを覚えています。

ぼくは夜勤だったので、夜の八時にフロントに入りました。ちょうど同じころ、一人の女性がチェックインしました。紺のビジネススーツの女性で、宿帳には四十七歳とご記入なさいました。某地方の住所を書かれたので、東京への出張のお客様だとわかりました。いかにも実力派の女性管理職、ビジネスウーマンという雰囲気の女性でしたが、女性としてもいかにも精力的で男にも自分からガンガン責めていきそうな感じがして魅力的でした。スーツの胸元がたっぷりと盛り上がっていて、かなりグラマーに見えたせいもあります。サインの間、思わずその胸のふくらみに見とれたほどです。でも、だからといって、まさかあんなことになるとは想像もしていなかったです。

たぶん、深夜〇時ころでした。その女性からフロントに電話がありました。

「ちょっと寒くて眠れないので、毛布を一枚届けてもらえませんか」

すごくていねいで感じのいい声でした。私は同僚にフロントをまかせて、予備のブランケットを持って彼女が宿泊している五階の部屋へ向かいました。

本来はドアごしに渡したらすぐに立ち去るのですが、なぜか彼女はぼくを中に招き入れました。それがあまりにも自然な感じだったので、思わずぼくも、知り合いの部屋を尋ねるみたいにスルスルと入ってしまいました。

「ごめんなさいね、よけいな仕事を増やしてしまって」

「とんでもございません、これも大切な仕事ですので。どうぞお気になさらずに。ほかに何かご用はございますか？」

彼女は部屋に置いてあるホテルの浴衣を着ていたのですが、慣れてないのか、胸元がはだけて、大きな胸の谷間がのぞいていました。つい視線が吸い寄せられそうになるのを我慢していたのですが、当然のことながらノーブラらしく、薄い布地ごしにとがっている乳首がはっきりわかりました。ぼくは目のやり場に困りました。

「用ってわけじゃないけどね……」

彼女は、ぼくの視線に気づいているかどうかわかりませんが、豊かな胸のふくらみを強調するようにグッと突き出してきました。そそるようなボリューム感のあるおっぱいだというのが、よくわかりました。

「私、一人で出張するの、じつは初めてなの。こんなところで一人で寝るのも初めてで、なんだかなかなか寝つけないのよ。わかる？」

彼女の顔が近づいてきて、息がかかりました。

「そ、そうなんですね、まあ、よくわかります」

「ほんと？　わかってくれる？　そういうこと、あるわよね。私なんか、いつもとなりに主人が寝てるから、ベッドで一人で寝るのが、すごくさびしくて」

そう言いながら私の手を軽く握ると、そのまままいっしょにベッドに腰をおろしました。ふだんなら絶対にありえないことです。客室でお客様といっしょにベッドに座るなどということを想像もしていなかったので、ぼくはすっかり舞い上がってしまいました。しかも相手は魅力的な熟女で、はだけた胸元からおっぱいのふくらみがのぞいています。気がついたら、ぼくは、もう遠慮なくその胸元に見とれていました。

「一人って切ないわよね。お布団の中も冷たいし」

「え、ええ、そうですね」

「お客に寒い思いをさせたくないでしょう？」

「はい、もちろんです」

「だったら、ねえ、温めてよ」

お客様の顔が近づいてきて、息がかかるほどでした。しかもお客様の手がぼくの手をつかんで胸元に運ばれました。ぼくはもうあたりまえのように浴衣の上から、大きなおっぱいをさわりました。こんなことをしてはいけない、と頭の中で声がしました。でも、セクシーな視線でじっと見つめられると、催眠術にかかったようになって、されるがままでした。

浴衣の上から突き出た乳首をさわると、お客様の唇が薄く開いて、熱い息が洩れました。やばい……と思いながらも、ぼくはもう完全に勃起していました。

「これもサービスのうちだと思って。ね？　いいでしょう？」

「いや、でも、その、こういうサービスは……」

「お客に恥をかかせないで」

そう言ってお客様はぼくの手を浴衣の中に入れて、直接、乳首を触れさせました。

こんなに硬くなるのかと思うくらい、それはコリコリになっていました。

「いじって、転がして、そこ触れると、体がほてってくるから」

「は、はい」

言われたとおりに乳首を刺激すると、お客様は悩ましげな顔をして自分で浴衣の帯を解いて前を開きました。ぼくの目の前に四十七歳の肉体が露《あらわ》になりました。

若い女の子の体とは違う、熟れた女の妖艶《ようえん》な体でした。そんなに年上の女性の体を間近に見たのは初めてでしたが、素直にそそられてしまいました。そしてお客様のほうも、ぼくが興奮しまくっているのに気づいたようでした。

「ねえ、今度は舐めて。乳首を吸って、転がして」

誘うような目でそう言われると、もう我慢できません。言われたとおりに乳首に吸いつき、味わいました。お客様の息が荒くなっていきます。ぼくは夢中で音をたてて吸いました。

「ああ、じょうずよ、すごく気持ちいい」

と言いながらお客様はぼくの頭を抱え込んで、胸に押しつけてきます。豊かなおっぱいのふくらみで窒息しそうになりながら、ぼくは乳首を責めました。

「あなた、主人よりもずっとじょうずよ。ねえ、今度はこっちさわって」

お客様はぼくの手をパンティの中に導きました。白いレースのパンティでしたが、あそこはもうビッショリに濡れていて、すぐに指がぬるぬるになりました。

「わかる？　濡れてるでしょ？　本当のこと言うとね、あなたがこの部屋に入ってきたときから、オツユが垂れてくるのわかったの。だって、こんなホテルの一室で若い男と二人きりになれば、アソコが反応してしまっても仕方のないことでしょ？」

そ、そうですね、と答えるしかありません。ぼくは指を動かしました。そのぬるぬるは、どんどん濃厚になってきました。

「お願い、その液をクリトリスにぬりつけてみて。割れ目をひろげて、私のオマメをいっぱい刺激して」

お客様は自分でパンティを脱ぐと、ベッドの上でM字に足を広げました。広い範囲にびっしりと毛が生えていて、すごく卑猥な眺めでした。しかもその真ん中が濡れて光っています。ぼくは言われたとおりに液をすくって、ぷっくり勃起したクリトリスを転がしました。

お客様は両手をうしろについてアソコを突き出すようにして、悲鳴をあげました。すごく感じてるようでした。このホテルの壁の防音効果ってどうだったっけ、なんて思いながらも、指の動きを止めることもできず、刺激しつづけました。

「ああ、じょうずよ、すごいのね、若い男の子の指で私、オマメいじくり回されてる」

腰を動かすたびに、大きなおっぱいもプルプル揺れてます。

「ねえ、舐めたくない？　私のここ、おま○こ、舐めてみたいでしょう？」

もう舐める気満々でした。

でも、あらためて考えてみれば、自分が勤務してるホテルです。そして相手はお客様です。いくら相手から求められたからといって、そんなことしていいはずがない。最後の理性が頭の中でぼくにストップをかけます。それに、フロントで待っている同

僚もぼくがなかなか戻ってこないのをヘンに思ってるはずです。ぼくは迷いました。ためらっていると、

「どうしたの？　舐めたくないの？　舐めてほしい、あなたの舌で。ね？」

お客様はそう言ってネットリとキスをしてきました。唇でぼくの舌をはさんで舐め回しながら、セクシーな声で、

「お願い、私のおま○こ、舐めて」

そこまでされたら、もう理性も吹っ飛んでしまいます。あとのことなど考えないで答えてしまいました。

「は、はい、舐めます、味わいます。お客様の、おま○こ」

もう欲望全開で、股間に顔を埋《うず》めました。

「味わうだなんていやらしいわね。じゃあ、味わってみて。あなたの舌でぬるぬるおま○この味を確かめてみてよ」

すごくエロい匂いのするそこに顔を近づけ、思いきり舌を動かしました。トロトロの液で顔中が濡れまくるのもかまわず、熟女のおま○こを味わいました。お客様はますますそこを突き出して、ぼくの顔にこすりつけてきました。

「ああ、いいわあ、若い男が私のおま○こ舐めてる顔、すごくスケベ。もっと舌を出

してベロベロ動かしてみて。あなたのいやらしいクンニ顔、よく見せて」

ぼくを見おろしてますますお客様は興奮しています。AV女優みたいな声を聞いていると、ぼくのほうも痛いくらいに勃起していました。そして、夢中で舌を動かしました。クリトリスがもっと大きくふくらんできました。それに愛液も垂れ落ちるほど溢れていました。これはサービスだ、お客様を満足させてあげてるんだ。自分にそう言い聞かせながら、熱い愛液を味わいました。

「もっと舌を使って、奥まできて」

お客様は自分の指でワレメを左右に広げました。

ツンととがったクリトリスが、舐めてくれというように主張してきます。そこに舌先を押し当て、激しく動かしました。そのまま尿道を刺激し、アソコのビラビラのほうまで舌を動かしました。想像していたよりもずっときれいで、弾力のあるビラビラでした。あとからあとから濃厚な液が溢れていました。

それを舌ですくいとるたびに、お客様は、はうんとエロい声をあげて大きくのけぞりました。

「ふふ、すごくじょうず。しかもエロい顔、あなたのクンニ顔、すごくエッチ。ねえ、あなたももうギンギンなんじゃないの？」

お客様の手がぼくのズボンの前をまさぐりました。電気が走ったようにビクンとしてしまいました。

「敏感そうね、あなたももう我慢できないんじゃないの」

「は、はい、お客様の前で、すごく硬くなってます」

「あらあら、いけない子ね、お客の前で勃起させるなんて。どれどれ、見せてごらん」

「え？」

「若くてまじめなホテルマンの勃起おち○ぽ、私に見せてよ。お客様の命令よ、恥をかかせないで、ほら、早く」

そんなふうに言われると、もう従うしかありません。

立ち上がると、ベルトをはずして、ズボンをおろしました。パンツの前はパンパンに盛り上がっています。お客様は、その盛り上がりを指先でツツツと刺激しながら、

「どういうこと？　こんなに大きくしちゃって、恥ずかしいわねえ。パンツもおろしてごらんなさい。若いおち○ぽをお客に披露してよ」

ぼくは覚悟を決めてパンツをおろしました。

勢いよくはじかれるようにペニスが飛び出しました。お客様は、うわっとうれしそうな声をあげてニヤリとしました。

「元気ね、こんなにそそり立ったおち○ぽ見るのは久しぶりよ。まさにおち○ぽ、生殖器って感じね。こんなに元気なら、白い精液汁がたくさん出るんでしょうね」

お客様はしげしげと眺めながら、目を潤《うる》ませています。そのエロい顔に反応して、おもわずピクピクしてしまいました。お客様は鼻を近づけてクンクン匂いながら、

「いやらしい匂い、オスの匂いがするわね。まじめな顔して仕事してるホテルマンが、こんなオスの匂いプンプンするおち○ぽ持ってるなんて、いやらしい」

そして優しく握ってきました。自分以外の手が触れるのは久しぶりだったのですが、ゆっくりなで回されてこすり上げられるだけで下半身に快感が広がりました。

「いい反応するのね、ますます硬くなってきた。ねえ、さわるだけでいい？　舐められたくない？　お口でしてほしい？」

「……してほしいです……おしゃぶりされたいです」

お客様になんてことを言ってるんだと思いながらも、そう答えてしまいました。

「いけない子だね、お客におち○ぽしゃぶらせるなんて。これ？　このスケベな勃起おち○ぽをしゃぶってほしいの？　熟女にフェラされたいの？」

そう言いながら、激しくしごき上げてきます。

「はい、そうです、お願いします」

言い終わると同時に、お客様はむしゃぶりついてきました。すごく濃厚なフェラでした。若い子とは全然違います。タマのほうを指先でやさしく愛撫しながら、棒のほう全体に舌を這わせ、先端の穴を舌先で味わい、音をたててカリを舐め、まさにそれを味わい尽くすという感じです。お客様のいやらしいフェラ顔を見おろしながら、もう限界まで硬くなるのを感じました。

「ああ、おいしい、口の中でビンビン跳ねてる。あなたのおち○ぽ、すごく喜んでるわよ、どんどん大きくなってくる」

「こ、ここまでされたら、こうなっちゃいます」

「素直だね、いい子。ね、もうそろそろ、私に入れたいんじゃない？」

「え、でも、いいんですか？」

そこまでいっていいものかどうか一瞬迷っていると、

「入れたくないの？　私みたいなおばさんじゃダメ？」

意地悪そうにそう言いながらも、顔を近づけて、誘うように唇を舐め回してきます。若い子には絶対にできないような誘い方をされて、ぼくはもう崩壊しました。

「入れたいです、お客様に入れたくてたまりません」

「言ったわね、素直でいいわ」

お客様に言われてベッドに横たわりました。勃起したものが上を向いています。お客様はぼくに跨ると、それを握りしめて、自分の濡れた部分にこすりつけました。すぐに入れないで、その感触を味わうようにして先端を少しだけ入れたり出したりしましたが、そのうち一気に腰を落としてきました。

「あああ、入った、若い男のおち◯ぽ入っちゃった」

ヌプリという感じで根元まで全部入れてしまうと、お客様はぼくの胸に両手をついて、その感触を味わうようにゆっくりと動きだしました。

ぼくのものはすごく熱くて窮屈なものに締めつけられながら、前後左右に動かされて、ちょっといままで経験したことのない感触でした。なんかもう、そこに別の生き物がいるような感じで、ああ、これが熟女の体なのかと思いました。

ふだんそんなことはめったにないのに、つい声が出てしまい、お客様の腰の動きに合わせて、恥ずかしいくらい喘いでしまいました。

「いいわね、その声、若い男のアヘ声、好きよ。もっと悶《もだ》えてよ。もっといやらしい声聞かせてよ。ほらほらほら」

あおるように激しく腰を動かされて、ますます声が洩れてしまいます。

いやらしい視線で見おろされると、なんかまるで犯されてるみたいな気分でした。

もちろんイヤなのではなくて、ますます興奮してしまいました。自分には犯されたい願望があったのかな、なんて思いながら快感にひたりました。

お客様は自分のアソコにペニスが出たり入ったりするのを見おろしながら、

「ああ、いやらしい、スケベ……」

と繰り返していましたが、どんどん感じているみたいで、アソコがギュンギュン締まってくるのがわかりました。

「すごくキツイです、こんなの初めてです」

思わずそう言うと、お客様はうれしそうに笑いました。

「ほんと？　熟れた女のおま◯こも悪くないでしょ？　病みつきになるんじゃない？もう若い子とはヤレないでしょう。ねえ、おま◯こ最高ですって言いなさいよ」

「……お客様の、お、おま◯こ、最高です」

「そんなに気持ちいいの？　かわいいわねえ」

恥ずかしいことを言わされると、ますます興奮して頭の中が真っ白になってしまいました。しかも腰を動かしながらキズしてくるお客様の舌が、口の中や顔を這い回ると、全身がゾクゾクしてしまいました。

あの感触はいまもはっきり覚えています。あんなの初めてでした。女王様プレイの経験はありませんが、まるで支配されてるみたいな感じがして、女王様プレイにハマる人の気持ちがよくわかりました。

「今度はあなたが上になるのよ」

お客様はそう言うと、つながったままで体を入れ替えて、自分が下になりました。さっきまでとは正常位の体勢になると、ぼくの腰に両足をからめて引きつけました。

違う角度でアソコの奥を刺激するのがわかりました。

「ああ、これもいいわ、さっきとは違うところに当たる。ねえ、わかる？　あなたの硬いおち○ぽが子宮の入り口をこすってる。いやらしいおち○ぽね」

そして両足でぼくの体をクイクイ締めつけながら、

「突いてよ、もっと突いて、私のおま○こ壊して」

そんなにエロいことを言われたのは初めてです。もう自分がホテルマンだとか、相手がお客様だとか、どうでもよくなっていました。

ぼくは思いきり腰を動かして奥を突きました。ぼくの動きに合わせてお客様は、とぎれとぎれの声を洩らしてます。アソコからグチュグチュという卑猥な音が聞こえていました。そんなの初めてです。

「いいわ、いいわ、もっとよ、おま○こ壊して、おち○ぽで壊して、お願い」

お客様のエロい声を聞きながら、ぼくはもう夢中でピストンしました。このまま出していいんだろうかという思いがチラッと頭をよぎったのですが、いまさら外に出すのもはばかられるくらいお客様は感極まっていました。

「出していいですか？　このままいっちゃってもいいですか？」

「いいよ、出して。中に出して！　あなたのおち○ぽ汁ドクドク出して‼」

そのせっぱつまった声を聞いて、ぼくは完全に最後の瞬間を迎えました。

「出ます」

「出して、全部出して、いっぱいきて」

もうどうにでもなれ。

そう思いながら、全部放出してしまいました。体が熱くなって激しく痙攣しながらドクンドクンと何度も射精すると、お客様も体をふるわせて、熱いものが体の中に流し込まれるのを受け止めたみたいです。

終わってからしばらくはお互いに黙ったままベッドに横たわっていました。あらためて部屋の中を見回しながら、ああ、ここはぼくの職場だったんだと思いました。

「ありがとう、気にしないでね。誘ったのは私のほうなんだから」

お客様がようやくそう言ってくれて、すこし気持ちが楽になりました。ぼくは備えつけのティッシュでお客様のアソコから溢れてるぼくの精液をふき取りながら、何を言えばいいか考えていました。

「二人だけの秘密だからね。最高のサービスだったわよ」

ああ、そうか、これもサービスと思えばいいのか。なんとなく自分を納得させる理由が見つかった気がしました。

「ゆっくりおやすみください」

「ありがとう」

そう言って部屋をあとにして、夜勤の同僚になんと言いわけするかを考えながらエレベーターに乗ってフロントに戻りました。

あとにも先にも、あんなことは一度きりです。またあのお客様が宿泊してくれないかなと思っています。

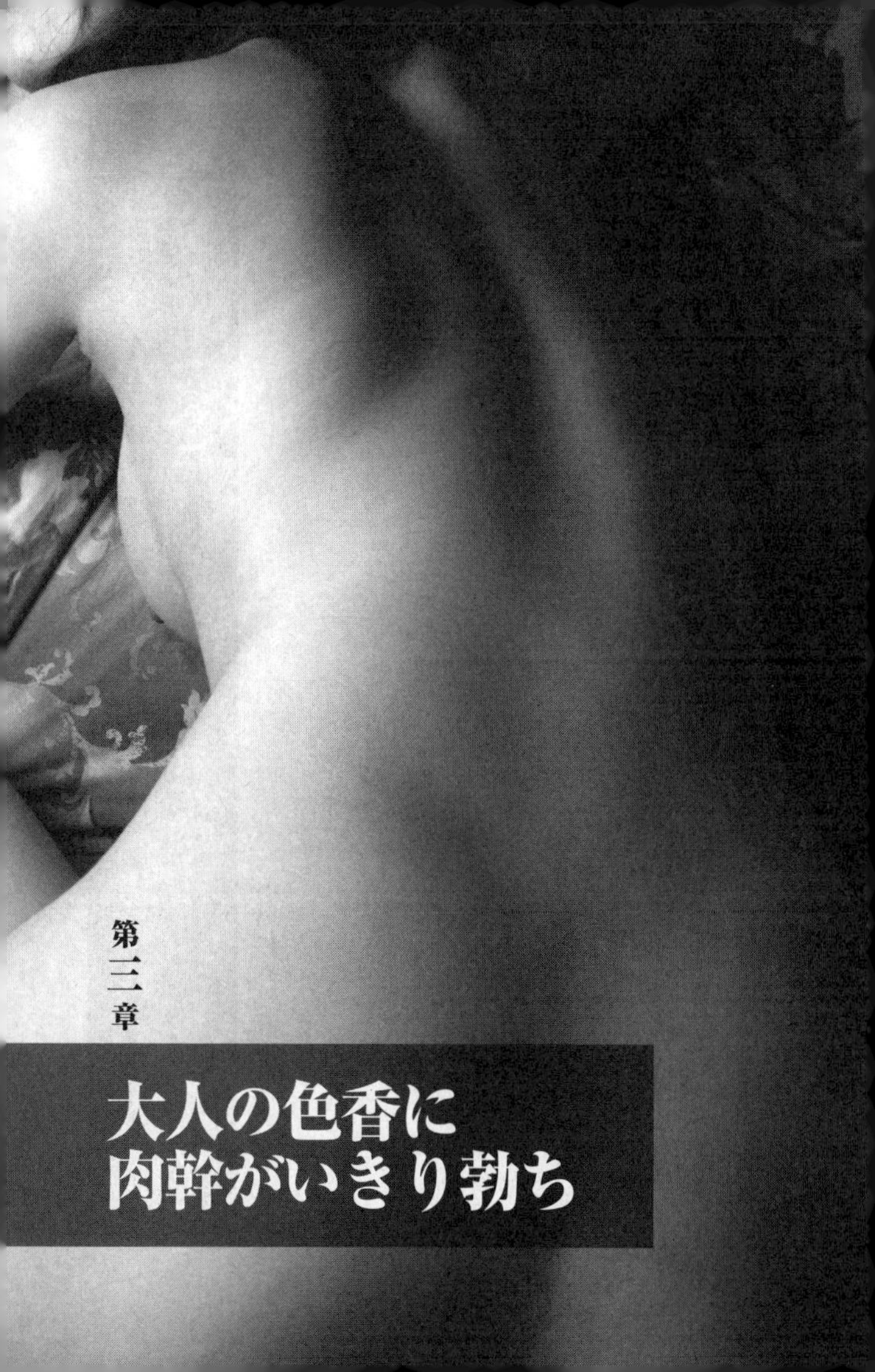

# 第三章 大人の色香に肉幹がいきり勃ち

# 弁当屋の美人オーナーに無人の店内へ誘われ
# 硬く勃起したペニスを呑み込まれて……

小島和秀　自営業・三十六歳

道路沿いの工場跡地で水道備品の小さなお店を経営しています。

続きの長屋のような形ですが、半年ほど前、隣にお弁当屋さんができました。

チェーン店にフランチャイズ加盟した個人の方で、オーナーさんは女性でした。

「小島《こじま》さん、幕の内弁当とエビフライ弁当、お待たせしました」

お昼どき、事前にお願いしておいたお弁当を、オーナーの佐伯《さえき》さんが持ってきてくれました。

「いつもすみません。取りに行きますのに」

「いいえ、お隣だからこれぐらい。いつもありがとうございます」

壁に掛けたお弁当のチラシを見て、始業前にお昼の弁当を注文しておくというのが日課になっていました。佐伯さんはいつもご自身で「デリバリー」してくれていました。うちは私と後輩だけの二人所帯なので、こういう点は気楽なものでした。

「いつも一人でたいへんですね。旦那さんは別のお仕事ですか？」

このタイミングで、世間話を装《よそお》って互いの情報交換をするのも通例になっていました。代金を支払いながらですが、お釣りを返してもらうとき、さりげなく私の手を軽くつかんでくれるのも好もしい点でした。

「主人は手伝ってくれる気はあるんですけど、自分の仕事が忙しいので……ほとんど私一人で回してます。パートさんたちもいるから平気ですし」

襟の大きな白いブラウスにジーンズ、エプロンとキャップ、見た目は「お弁当屋のおばちゃん」ですが、背が高くスタイルがいいので、私は当初から少し違和感を覚えていました。言葉遣いや物腰、仕草など、飲食店に求められないようなヘンな上品さと知的なエレガンスさを漂わせていたのです。

「飲食店を開くのが夢だったんですか？」

四十代中盤ぐらいに見える美人の佐伯さんに訊いてみました。

質問し、回答を訊きつつ、私はいつも佐伯さんの体を観察していました。デスクに腰かけている私のそばで立っているので、視姦するのはそれほど不自然ではありません。エプロンが少し邪魔でしたが。

「そう。箱モノをつくって自分で稼ぐっていうのは、夢の一つだったわね」

お昼どきにあまり引き留めては迷惑です。私は早口に、

「明日は定休日ですね。ゆっくり休んでください」

「ありがとうございます。でもゆっくりもできないの。仕込みやら発注やらパートさんのお給料の計算なんかがあるから」

ではではと佐伯さんは明るくせわしなく自分のお店に戻っていきました。

翌日の火曜日はそのお弁当屋さんの定休日でした。

私たちの長屋の裏側は、やや広いスペースになっていました。工場だったころ、資材置き場になっていたのでしょう。私たち現在の店子《たなこ》は、それぞれ勝手に道具や包材の仮置き場にしていました。私はそこで、仕事の合間によく一服していました。

と、お弁当屋さんの裏口から佐伯さんが出てきました。

「あら、こんにちは。ご休憩ですか？」

「そうです……なんだか見違えますね。いつもお弁当屋さんのユニフォームだから」

「いやだわ。あれがふだん着じゃないですよ。今日はさっきまで税理士さんの事務所に行ってたから」

いつもと異なる装いに、不躾ながら目が釘づけになっていました。

目にまぶしい白いブラウスに赤いタイトスカート、印象に残ったのは黒縁のメガネでした。

「お弁当屋さんより、学校の先生とか法律事務所なんかが似合いそうですよ」

軽口のつもりでしたが、佐伯さんはうつむいて少し黙ったあと、

「私、医学部を中退してるんです」

「え、医者さん志望だったんですか」

「ええ。主人は医師なんです。大学病院勤務の。でも普通の人が考えるよりお給料が安くて……うふふ、このお弁当屋さんのほうが儲かるから、主人、拗《す》ねてるの」

これには驚きました。そして納得しました。

「それで、食べ物屋にふさわしくないインテリジェンスがただよってるんですね」

「あら、私はただの弁当屋のおばちゃんよ」

そしてさらに意外なことを言ってきました。

「ちょっとうちのお店、のぞいていきます？」

「え、いいんですか？　よそのお店を」

「うふふ、私だっていつもずけずけ小島さんのお店に入ってるじゃありませんか」

「……」

佐伯さんに続き、裏口から初めてお弁当屋さんの中に入っていきました。

照明はついていますが、表のシャッターが閉まっているので、お客目線で知っているお店の明るさはありません。稼働していなくても、店内は食材と油の香りが残っていました。そして、お店の匂いよりも印象的な香りがありました。

「佐伯さん、なんかいい匂いがしますね」

セクハラまがいの言葉がつい口に出ました。

「うふ、今日は営業しないから、香水もつけてるの」

二人きりで危ない発言だったのに、佐伯さんはむしろ気づいたことを喜んでいるふうでもありました。

「……私、お隣さんが小島さんの事務所でよかったと思ってるんです。始める前は、おかしな人がいたらどうしようって不安だったから」

「それはぼくも同じですよ。最初に挨拶に来てくれたとき、ホッとしましたから。美人だったからトクした気分にもなったし」

「あら、ほめてもなんにも出ませんわ。うふふ」

佐伯さんはまんざらでもない失笑を洩らしました。言おわずかな沈黙のあと、佐伯さんは少し困ったような顔をしてうつむきました。

うか言うまいか迷っているような表情です。

「……率直な話、お隣さんが佐伯さんじゃなかったら、自分からお届けにあがったりしなかったかも。誰かほかのパートさんに任せて」

鈍い私でも、妖しい発言だとすぐにわかりました。

「ぼくも、佐伯さんじゃなかったら、こんなに毎日頼んだりしなかったかも」

やはりわずかな沈黙が訪れましたが、肯定的な雰囲気がただよっていました。

「今度、スペシャル弁当を頼みたいな。佐伯さんの煮つけとか。お肉がすごくやわらかそうだ」

「あら、怖いことを言わないで」

猟奇的な言葉でしたが、佐伯さんは困ったように笑うだけでした。

「このお尻なんか、すごくやわらかそうだ。いつも硬そうなジーンズに包まれてかわいそうに思ってたんです」

「エッチ。そんなことを考えてたんですか。うふふ、オバサンになってお肉がたるんでるだけですわ」

そう言って、佐伯さんは少しお尻を後ろに突き出したのです。四十代半ばなのに、「エッチ」という言葉にえらく萌えたのを覚えています。

薄氷を踏む思いで、手のひらをタイトスカート越しのお尻に当てました。

「ほら、すごくやわらかい。いい気持ちだ……」

「ああん、なにをなさるんですか」

非難を口にしましたが、お尻を戻す気はないようでした。

「こうしてもみ込むと、お肉がもっとやわらかくなりますね」

「困った方。私の煮つけを食べたいだなんて……」

佐伯さんは私の言葉を口にし、静かに興奮しているように見えました。

「佐伯さん、おっぱいも大きいですね。いつもエプロンが邪魔してたけど、すごく大きいのは外目にもわかってましたよ」

「うふ、お店でエプロンをしてないと、服を一枚脱いだような気分ですわ」

佐伯さんはゆっくりと私を見上げ、まぶしそうに目を細めました。

「ううん、なんだか丸裸を見られてる気分……」

「じゃあ、ほんとに丸裸になっても、もう抵抗なんてないですよね」

「あん、そんな意味じゃ……」

そっと手のひらを佐伯さんの胸に近づけると、佐伯さんはその手を取り、自分の胸に導いてくれました。

「ほら、やっぱりおっぱい大きい……エプロンの下にこんなもの隠してたんですね」

白いブラウスとブラジャー越しに、おっぱいをやわらかくもみました。もうセクハラや痴漢などで騒ぎ出す恐れはないと思いました。

「うふん、じゃあ小島さんにデリバリーするときはエプロンをはずしていこうかしら」

白いブラウスのボタンのすき間から、白いブラジャーがのぞき見えていました。

「そうしてください。毎日、佐伯さんを食べたい……」

言いながら私はお尻をなでつつ、片手でブラウスのボタンをはずしていきました。

白いブラジャーのざらざらした触感も一興でした。

目を上げた佐伯さんに顔を近づけ、キスをしました。

「んん……こんな、いけないこと……私、夫も子どももいる人妻なのに」

キスをしながらの不明瞭な発音で、佐伯さんはやんわりと私を非難しました。

「仕方ないじゃないか。どのお弁当もおいしいけど、佐伯さんがいちばんおいしそうなんだから……そう、佐伯さんはチラシに載ってない、ぼくだけの裏メニューなんだ」

誘ってきたのはあきらかに佐伯さんなのですが、ここは自分が悪者になってみました。お尻をなでていた手をそっと前に回し、タイトスカートの上から股間のY字に触れさせると、

「ああんっ……ダメ、立ってられなくなる……」

膝から頽《くずお》れそうな四十路の女体を、私はしっかり支えました。

唾液まみれのキスをしつつ、私は佐伯さんの手をつかみ、自分の股間に導きました。

「佐伯さんのせいで、こんなに硬くなってます」

「ああ、なんて怖い人……」

ズボンの上から、佐伯さんの細い指がペニスに絡んできました。太さと硬さと長さを確かめるような触れ方なのに、口調だけは恐れおののいているふうでした。

「……小島さん、インジェクション・ミートってご存知?」

佐伯さんはつと顔を上げると、イタズラっぽい笑みを浮かべて訊いてきました。

「インジェクション……? いえ、知らないです」

「お肉に牛脂やオリーブオイルを注射して柔らかくする技術です。いまは食品偽装で悪いイメージがあるけど、昔からあるフランス料理のテクニックなんですよ」

なんの話かと思いましたが、佐伯さんはにんまりと笑い、こう続けました。

「うふん……私のお肉、小島さんのお注射でもっとやわらかくしてほしいわ……」

えらく古臭くて下品なたとえでした。佐伯さん自身、自分の言葉に恥ずかしくなったのか、失笑を浮かべてうつむいてしまいました。

「よかった。ぼくもちょうど佐伯さんを味わいたいと思ってたところなんですよ」

私もあからさまに言い、残るブラウスのボタンをはずしていきました。少しの間二人とも無言でしたが、私も佐伯さんも、荒くなりそうな息をこらえているのが丸わかりでした。

「うふふ、私も小島さんの作業服、脱がせてあげます」

イタズラっぽい口調で、佐伯さんは私の服も脱がせてくれました。

佐伯さんのブラウスを脱がすと、抱きつくように背中に手を回し、ブラジャーのホックもはずしました。

「あはん、恥ずかしい……自分のお店で裸になるなんて、初めて」

「ぼくのほうが恥ずかしいですよ。よその職場なんだから」

うふふ、と笑いながら、佐伯さんは私のトランクスまで下げました。ズボンに続いて片足ずつ上げ、下半身を剝き出しにしました。

赤いタイトスカートに手をかけようとすると、

「待って。ホールに行きましょう」

佐伯さんは私の手を取り、お客さんが注文するスペースに導いてくれました。

清掃してあるとはいえ、油分の残る厨房でスカートを落としたくなかったのでしょう。ホールには商品待ちのお客さんが腰かける簡易ソファがありました。

脱がせたスカートをソファに置き、まじまじと佐伯さんの下半身を見つめました。

「……ふだんからこんなエッチなパンティ、はいてるんですか？」

黒いストッキングに、レースの美しい真紅のパンティが透けていました。

「別にそんなつもりじゃ……黒と赤が多いけど」

スタイルのいい四十路美女にふさわしい意匠で、私には勝負パンティにしか見えませんでした。下半身はもうギンギンに勃起していました。お弁当屋さんのホールで全裸になる機会が人生にどれだけあるのでしょうか？　降ってわいたような幸運と非日常的ないやらしさに、私は夢でも見ているような気分でした。

そのことを言うと、

「夢なんかじゃないわ。ほっぺをつねる代わりに、これで目を覚まさせてあげます」

うふふふ、とのどの奥で悩ましい笑い声をあげながら、佐伯さんは私と対峙《たいじ》したましゃがみ込みました。そして痛みを覚えるほど硬く勃起したペニスに向かい、

「ああ……小島さん、こんな立派なオチ〇チンをお持ちだったのね……頼もしいわ」

熱く湿った吐息がペニスにかかりましたが、佐伯さんはすぐに触れてくる様子はありませんでした。まるで自分自身を焦らしているようにも見えました。

「うふ、顔を近づけただけで、オチ○チンの熱が伝わってくる……すてき……」

いつものハキハキした佐伯さんの声からは想像もできない、とろけるような声音でした。営業スマイルしか印象に残っていない美貌は、熱にうなされているように赤らみ、見たこともない妖しい笑みが浮かんでいました。

「んあっ……佐伯さんっ」

佐伯さんの細い十本の指がペニスに絡んできました。

「ほらぁ、こうするとオチ○チンの先からお汁が出てくる……うふふ、いやらしいんだから。うふ、うふふふ」

予想以上に冷たい指で、佐伯さんはペニスを弄《もてあそ》んできました。私はフェラチオを求め、無意識に腰を突き出していました。

「オチ○チン、怒ってるみたいよ。うふふ、小島さん、舐めてほしい？」

憎たらしい訊き方をしてきました。

「はい……舐めてほしいです」

私はお預けを食らった童貞少年のように、情けない声を出していました。

佐伯さんは至近距離でペニスを凝視したまま、一瞬困ったような表情をしました。

「ああ、いけない人。人妻の私にオチ○チンを舐めろだなんて……」

私が強制しているわけではないので、これは佐伯さんの中でのイメージプレイなのでしょう。

佐伯さんは観念したように目を閉じ、じれったいほどゆっくりと大きく、口を開けました。そして真正面から、私のペニスを呑み込んでくれました。

「んあっ……んあああっ！　さっ、佐伯さんっ……！」

私は腹筋に力を込め、のどの奥から声を絞り出しました。

佐伯さんの口の中は唾液まみれで、怖ろしくなめらかでした。意識して唾液をためていたのかもしれません。著しく摩擦を欠いた口の中で、舌を使ってペニスの裏筋を強くこそげてくるのです。これはたまりませんでした。

私の妻はフェラチオもクンニもいやがるほうで、積極的にフェラチオをしてくれたのは、それこそ新婚のころの、よほど機嫌のいいときだけでした。

そのときの佐伯さんのお口サービスの気持ちよさは、結婚前にソープで経験したとき以来でした。

なまめかしい唇を出し入れして、ゆっくりとお口ピストンをしてくれました。ペニスは唾液にまみれて、薄暗い照明の下でもひどくテカっていました。

「ああ、おいしい……おいしいわ、小島さんのオチ〇チン……ほんとにこのまま、食べてしまいたいぐらい……」

ペニスをほお張りながらなので、非常に不明瞭な発声でした。

私は佐伯さんの頭を両手でつかみました。そしてピストンの動きとシンクロさせるように、自分から腰を前後させました。両手で頭を固定させると、私は激しく腰を振りました。

佐伯さんは目を閉じつつ一瞬眉根を寄せましたが、拒《こば》む様子はありませんでした。

（くっ……すごいフェラチオだ。どんなオマ〇コともちがう……）

佐伯さんは、唇で強く圧迫したり、鈴口を吸い出したり、ときおり軽く前歯を立てたりと、いやらしい動きを、受け身のままでしてくれました。まるで変幻にかたちを変える不思議なオマ〇コに挿入しているような気分でした。

このまま射精してしまいたい衝動に駆られましたが、

「佐伯さん、ちょっととめて……なんだか出ちゃいそうだ」

ぜいたくな射精だと思う一方、もったいないような気もしました。

佐伯さんはなかなかペニスから口を離してくれませんでした。私へのサービス心だけでなく、ほんとうにペニスを「食べて」しまいたかったのかもしれません。

「んふふ、ほお張りすぎて、お口の中が痛いぐらいだわ」

赤らめた顔で佐伯さんは私を見上げました。激しい動きをしたわけではないのに、髪まで少し乱れていました。

「……今度は、佐伯さんのを、見せてください」

ゆっくりと佐伯さんを立たせると、入れ替わりに私がしゃがみ込み、佐伯さんのストッキング越しの赤いパンティと向き合いました。

「あは、恥ずかしいわ」

驚いたことに、佐伯さんは両手で股間をかばい、へっぴり腰になって私の顔から逃げました。焦らしとも思えず、複雑な女心だったのでしょうか。

「手をどけてください。ストッキングとパンティをおろして、佐伯さんのオマ○コをじっくり見せてもらいます」

わざと口に出して言い、優しく佐伯さんの手をどかせると、ストッキングとパンティをずらしました。

思ったよりも恥毛は薄く、やはり淫蜜に濡れてテラテラと光っていました。顔を近づけると、夏草のような蒸れた香りが鼻をくすぐりました。妻へのクンニリングスも何年もしていないので、その匂いだけでひどく興奮しました。

四十路女性らしく、小陰唇はいくぶんはみ出ていました。性器に舌を這わせると、舌先は難なく膣口を割って入りました。

「あんっ、やんっ……小島さんっ」

高くて短い声をあげると、佐伯さんは両手で私の頭をつかみ、立たせました。

問答無用の激しいキスをされ、私の耳元に唇を寄せると、

「……入れて」

と、男性の声かと思うほど、低くて小さな声でつぶやきました。

「ソファに座ってください。脚を広げて」

ソファに浅く腰かけさせると、ストッキングと赤いパンティを片脚だけ抜きました。

もう二人とも、ゆっくり脱いでいる精神的余裕がなかったのです。

カエルのように両脚を広げさせました。ストッキングとパンティは残る片脚にしわくちゃに引っかかったままですが、完全に脱がすよりも煽情的な眺めに見えました。

おおい被さるように佐伯さんの顔の両側に手をつき、

「入れます……」

見つめ合ったまま、私も低く言い、ペニスの根元を持って佐伯さんの股間に腰を寄せていきました。

「ああっ……ああっ！　オチ……オチ○チンが、入ってくるっ……ああっ」

佐伯さんは激しい苦痛に耐えるように深く眉根を寄せ、顔を左右に振りました。

お口と同様、佐伯さんの膣道は怖ろしいほどうるおっており、硬いペニスが信じられない快感を伴って入っていきました。

あっけないとさえ言えるほど、すぐに膣奥にまでペニスは達しました。

「佐伯さんのオマ〇コとぼくのチ〇ポ、相性ピッタリみたいですね……」

無理して言った軽口を佐伯さんは無視し、私の首に両手を回してきました。

ブチュッ、と音がするぐらい激しく唇を重ね合い、同時に私はピストン運動を始めました。

「んああっ！　アッ、アソコが、開いてるっ！　ああっ、きっ……気持ちいいっ！」

唇を離すと、絶叫に近い大声で佐伯さんが叫びました。私も気持ちよかったですが、まるで処女が初めて悦びを覚えたような声でした。

「佐伯さんのオマ〇コ、ヌルヌルすぎてっ……あああっ、ぼくも、もたないっ」

納豆まみれの手で強くペニスを握られたような感じとでも言えば近いでしょうか、佐伯さんの膣道はそれまで経験したどんな女性ともちがっていました。

「ああっ、久しぶりのオチ〇ポッ……あああっ、すてきっ……！」

佐伯さんは鼻を赤くし、目から涙まで流していました。私とのセックスをそこまで望んでいたとは思えないので、違和感を覚えました。しかし深く考えている余裕はありません。

ピストン運動をゆるめないまま、私は上半身を少し起こし、両手の指をいっぱいに広げて、佐伯さんの乳房をつかみました。

「ああぁっ、ダメッ、体が、爆発しちゃうっ！」

搾り取られた乳房の内奥が首にまで達したかのように、佐伯さんはあごを出し、口を三角に開けました。

「ほらっ、佐伯さんのおっぱい、ぼくの手にジャストフィットです」

失笑モノの言葉を出す私も、歯の根を食いしばっていました。不自然でキツい姿勢のまま、ペニスに一点集中の快感が走っていたからです。

「佐伯さんっ、もう、出そうですっ！」

脚がつりそうになりながら、ペニスに射精の予感が走りました。

佐伯さんが目を開きました。真っ赤に充血し、潤《うる》んだ瞳からは涙が頰に垂れていました。まるで私が暴力で犯しているような表情でした。

「出して……出してっ！　たくさんっ、たくさん出してっ！」

ヒステリックに佐伯さんは言いました。私は渾身の力を奮い、ピストン運動を最速にしました。電気を浴びているような快感がペニスを襲い、全身の血液が逆流したような錯覚を覚えました。

「佐伯さ……ああっ、出るっ！　あああっ……！」

「あああ、すごいっ、来てる、来てるわっ！　小島さんの熱いのがっ……ああっ！」

顔を横に向けた佐伯さんが再び絶叫しました。

私は最後の一滴まで佐伯さんの膣奥に射精しました。

すべてを出し終えても、佐伯さんはまた私の首に手を回して、なかなか結合を解いてくれませんでした。

「ああ、すごかったわ……」

「佐伯さん、まるで処女みたいでしたね。いつもあんななんですか？　旦那さんがうらやましい」

配偶者の話題に触れるのは不倫の男女のタブーなのでしょうが、ついそんな言葉が出てしまいました。

しかし佐伯さんは悲しそうに顔を横に向けたまま、

「……うちの人、何年も前から勃《た》たないの。だから、ずいぶん久しぶりだったのよ」

それで合点がいきました。

やがて、結合を解き、二人は無言のまま服を着ました。

「今度お昼のお弁当を注文するとき、ズボンのファスナーをおろしておこうかな。うちの若いやつを外に出しておいて」

「そんな……困りますわ。お店に帰られなくなっちゃう。お昼は忙しいのに……」

どこか本気で非難しているような口ぶりがおかしかったのを覚えています。

「じゃあ、午後の二時か三時ごろのヒマな時間帯なら？」

「それなら大丈夫……でも、ゆっくりお会いしたいわね」

佐伯さんは余韻を楽しむように、キスを求めてきました。

とりあえず、来週のお弁当屋さんの定休日にまた、ということが決まりました。今度は私の店に来るそうです。理由をつけて若いやつを出しておき、雑多で狭いうちのお店をととのえようと思っています。

# 旅行先で出合った二人の熟女と意気投合！二つの淫乱おま○こに一晩中精を吸い取られ

熊谷翔太　会社員・三十四歳

この春、人間関係のストレスから会社を辞めました。

しばらく心の洗濯をしようと、ぼくは再就職活動もせず、あちこち一人旅をすることにしました。交通の便が悪くてあまり観光客の来ない、さびれた温泉地なんかをあえて選んでぶらぶらするのです。

そんな温泉地での出来事です。

あまり聞いたことのない城跡をあてもなく散策していると、やはり旅行中らしいおばさま二人組から声をかけられました。記念写真を撮ってほしいというのです。

ヒマをもてあましていたぼくは、もちろん引き受けました。

アラフィフ世代とおぼしきおばさま二人組は、ブランド物のこじゃれた旅行着姿で、年齢のわりには顔立ちもけっこうととのっていました。

一人はぱっと見派手な顔立ちの豊満マダム。もう一人は清楚な和風マダムでした。

正直、ちょっと印象的なおばさまたちでしたが、そのときは二言三言、あたりさわりのない会話をしただけですぐに二人と別れました。

ところが夕方、旅館に着いてぼくはびっくりしました。なんと、あのおばさまたちも同じ宿を取っていたのです。考えてみれば山あいの小さな村落で、旅館は三軒ほどしかありませんから、奇遇というほどのことでもなかったんですが。

あちらもぼくのことを覚えていました。

「お一人なんでしょ？　これもご縁だし、よかったらいっしょに飲みましょうよ」

ノリのいいおばさまたちは、いきなりぼくを部屋に誘ってくれました。ぼくも旅先で知らない人とお近づきになって一杯やるのは初めてではなかったので、喜んでご相《しょう》伴《ばん》にあずかることにしました。

あでやかな豊満マダムは美月《みづき》さん、和風マダムが景子《けいこ》さんといいました。ともに五十三歳でバツイチ。二人でアパレル系のネット通販会社を経営していて、かなり景気はよさそうでした。お酒の飲み方も豪快で、ぼくたち三人はあっという間に上機嫌になっていきました。

特に美月さんは乱れるのが早く、浴衣の合わせがゆるんで、たわわなおっぱいの谷間が半分以上出っぱなしになっていました。

ぼくは内心ドキドキしながら、ついついその胸元に目をやらずにはいられませんでした。酒が入っているとはいえ、どちらかといえば母親に近いような年齢の女性に、そんなスケべな感情を抱くなんて自分でも意外でした。

そのうち、和風マダムの景子さんがおトイレに立ちました。

二人きりになったとたん、美月さんがにじり寄ってきました。

「ちょっとぉ、翔太《しょうた》くん、あんたさっきからあたしのおっぱい見てたでしょ？」

ぼくがどぎまぎして「えっ、いや、その……」と口ごもっていると、美月さんはにんまりして、さらにべったりくっついてくるんです。

「おばさんのおっぱい見たいの？　いいわよぉ、見ても。ほら……」

美月さんはそう言うと、自分で浴衣の前をはだけました。

Gカップはありそうな巨乳が、たっぷんと現れました。つきたてのお餅みたいに真っ白でやわらかそうなふくらみのてっぺんに、いやらしいアズキ色の乳首が飾られていました。

ぼくは驚きのあまり、その場でカチコチに固まってしまいました。恥ずかしながら女性経験の乏しいぼくは、女性の方からそんなふうにアプローチされた経験もなく、どうしていいかわからなくなってしまったのです。

「さわってもいいのよ？　それとも、おっきいおっぱいは好きじゃない？」

美月さんはぼくの手を取ると、半ば強引に巨乳にタッチさせるのです。

たまらずぼくも、その豊満なバストをわしづかみにしていました。手のひらに収まりきれないほどの量のお肉が、手の中でむにゅむにゅと心地よくつぶれます。

こんな大きなおっぱいをもんだのは、生まれて初めてでした。

「あは……いいのよ、もっと強くもみもみして。ああ、もっとして……ねえ、ほら、先っちょもいじってよ」

美月さんに導かれるまま、ぼくは指で大きな乳頭をつまみます。指先でいじいじしてあげると、乳首がどんどん硬くふくらんでくるのがわかりました。

「あっ、ああ……いいわぁ、それ気持ちいい。今度はお口でね、おっぱいちゅうちゅうしてちょうだい」

言われるまでもなく、ぼくは美月さんの乳首にむしゃぶりついていました。口の中に含んだコリコリの乳首を舌で転がすと、肉づきのいい美月さんの全身がふるっ、ふるっと震えます。

「うーん、感じちゃうわあ。うふふっ、おっぱいおいしいねぇ。もっとして……」

ぼくは夢中になって、二つの乳首を交互に吸ったり、舐めたり、しゃぶったりしつづけました。

「ああん、なんかムラムラしてきちゃった……ねえ、キスしよ」

美月さんは両手でぼくの顔を持ち上げると、唇を重ねてきました。ねっとりした厚みのあるベロがぼくの口の中に入ってきて、何か別の生き物みたいにぼくのベロに絡みついてきます。

熱い鼻息がぼくの顔にかかり、いろんなお酒の味の混ざった、甘ったるい唾液がとろっと口の中に溢れます。

ううう、やばい。熟女のキス、すごくエロい。

ぼくは身動きもできず、美月さんに唇をむさぼられるままでした。

悩ましい鼻声をあげながら、やがて美月さんはぼくの股間へ手を伸ばしてきました。

パンツの中ですでにパンパンになっているぼくのチ○ポを、美月さんのふくよかな手が、さわさわとなでさすります。

ううっ、チ○ポいじられるの、すごく気持ちいい……。熟女の巧みな指使いに、ぼくも自然にピクピク反応してしまいます。

「あらあら、こんなに大きくして。えっちねえ、翔太くんたら。ちょっとおばさんにもはやすっかり無抵抗になったぼくの下着を、美月さんが脱がせます。恥ずかしいほどビッキビキに勃起したち○ぽが露出してしまいました。

好色そのままの目つきで、美月さんはそれをしげしげと見つめるのです。

「やだぁ、すごぉい……あなた、意外に立派なの持ってるじゃない」

美月さんは指先で、すでにガマン汁まみれになってる亀頭を、からかうようにつんつんするのです。

「しかもこんなにカッチカチ……やっぱり三十代って若いわねぇ。ああん、もうガマンできなぁい。お味見していいかしら」

ぼくの返事も待たず、美月さんはやにわにぼくのチ○ポをパックンしてしまいます。

ああ、あったかくてトロトロの熟女のお口……美月さんのぽってりしたベロが、まさに味わうようにぼくのち○ぽを上から下までねぶり回します。フェラチオしてもらうなんて何年かぶりの経験で、しかもこんなすごいテクニックは初めてでした。ぼくはもう意識が飛んでしまいそうでした。

そのときでした。突然、部屋のふすまが開いたのです。

「ちょっと、あんたたち！　なにやってるのよ！」

お手洗いから戻ってきた景子さんでした。ぼくはまたしても凍りつきました。景子さんは清楚でマジメそうな女性ですから、ぼくたちのこんな乱れた姿にさぞやショックを受けたのでは……ぼくはそう考えて、息が止まりそうになりました。

ところがです。景子さんの反応はまるで逆でした。

「美月ったら、勝手に始めちゃって、ずるいじゃない。あたしだって早くお味見したかったのに」

「だってぇ、こんな若い子ひさしぶりだからもう辛抱できなくって……」

ぽかんとするぼくの前で、景子さんはするすると浴衣の帯を解いていくのです。すぐに浴衣の前がはだけました。景子さんは上も下も下着を着けていませんでした。美月さんよりはずっと小ぶりですが、年齢を感じさせない形のいいおっぱいと、色白の肌にコントラストも鮮やかな真っ黒なアンダーヘアが丸見えです。

ほとんど裸の景子さんは膝をついて、ぼくを横から抱き寄せました。

「ねえ、美月とばっかりずるいわ。私ともスケベなこと、しましょ? ねえ……」

そう言うと、今度は景子さんがぼくの唇に舌を差し入れてくるんです。さっきの美月さんの情熱的なディープキスとはちょっと趣の違う、口の中をくすぐるような、それでいてなんともいやらしいキスなのです。

「おっぱいもしゃぶってぇ。ほら、もう乳首コリコリでたまんないの、早くぅ」

清楚な顔立ちに似合わないいやらしいことを言いながら、景子さんは自分の美乳を手で持ち上げてぼくの口元にもってきます。ぼくは夢中で、こちらのおっぱいにも吸いつきました。

その間にも、美月さんの濃厚なフェラは続いていました。キンタマの裏側までねぶってくれるものすごいご奉仕です。

こんな強烈な興奮と快感は、夢にも見たことがありませんでした。性経験の乏しいぼくがいつまでも耐えられるはずもありません。

「ああーっ、出ちゃうっ！ 出ちゃいますっ！」

叫ぶと同時に、ぼくはだらしなく射精してしまっていました。

ぼくのチ○ポはあきれるばかりに大量の精子を吐き出し、それはぼくの腹から胸板にべったりとへばりつきました。

「あらやだぁ、もう出ちゃったの？ 感じやすいのねえ、ふふふ」

「でもすごい量……あーん、ニオイだけであたしもイッちゃいそう。おいしそう……」

絶頂感でまだぼーっとしているぼくの体を、二人のおばさまは競い合うように舐めはじめました。そして肌にこびりついた精液を、ちゅるちゅるとするんです。

「あーん、濃いわぁ。やっぱり若い子のは違うわねぇ」

美月さんと景子さんは、そんなことを口々に言い合いながら、ぼくの精液を口の中で満足そうに味わうのです。

それぱかりか二人は、まだ残り汁を滴《したた》らせているぼくのチ○ポを、左右から同時でぺろぺろしはじめました。

美月さんがタマ袋を、景子さんがサオを、夢中でしゃぶりたててくれます。

「うっ、ああっ、そ、そんなことされたら……ぼく、また……」

一度目の発射でしぼみかけていたぼくのチ○ポは、あっという間にまたフルボッキ状態になってしまいました。

「あはっ、若い子はスタミナあるわねえ。もうこんなにカチカチ。今度は私からいただいちゃお」

そう言ったのは細身の和風美熟女、景子さんでした。

景子さんはあおむけになっているぼくの上にゆっくりと跨《またが》ると、チ○ポを握って自分のアソコに導くのです。

景子さんのおま○こはとっくにビチョビチョで、ほとんど抵抗なくぼくのチ○ポをぬっ、ぬっ、と呑み込んでいきます。

ぼくがたまらず「ああっ、ああっ」とヨガリ声をあげてしまうと、景子さんは満足そうな表情でぼくを見おろしました。

「ふふ……どう、私のおま○こ。気持ちいい？」

「は、はい……すごく熱くて、チ○ポとろけちゃいそうです」

すると景子さんは、ゆっくりとお尻を上下に動かしだしました。景子さんのぬめる膣肉に包まれたチ○ポ全体が刺激されて、快感のあまりぼくはまた「ううーっ」と情けないうめき声をあげてしまいます。

「ほら、こうするともっといい気持ちでしょ？　あっ、すごい……先っちょがすごくいいところに当たるぅ。私もすっごくいいっ」

清楚な見た目からは考えられない激しい腰使いで、景子さんはぼくを上から責め立てはじめました。

色白な顔を真っ赤にして、自分のおっぱいをもみしだきながら腰を上下させる景子さんの姿は最高にいやらしくて、見ているだけでチ○ポの快感がさらに何倍にもなるようです。

「やだぁ、二人でばっかり楽しんでスル～い」

体をもてあました美月さんが、あの爆乳をぼくの顔に押しつけてきます。ぼくはもうされるがまま、求められるがままに、景子さんから犯され、美月さんのおっぱいをむさぼりつづけました。

やがて景子さんの腰の動きはどんどん速く、激しくなっていきました。

「あっ、やっ、イキそ……あっ、あっ、ふぅんっ、イクッ。イクぅーっ！」

糸をひくような細い声をあげて、景子さんはぼくの上でビクッ、ビクッと何度か小さく痙攣します。

おま○こがいっそうキュッと締まって、ちょっと気を抜くとぼくもまた発射してしまいそうでした。

「あーん、もう待てない。早く変わってよぉ。あたしもチ○ポ入れたいんだからぁ」

美月さんがぐったりした景子さんを押しのけるようにして、ガツガツとぼくにむしゃぶりついてきました。

あおむけに横たわった美月さんは、自分で淫らにお股を押し広げて、周囲のマン毛までぐっちょり濡れてテラテラになっているアソコをぼくに見せつけます。

「ほらぁ、ココよぉ。ギンギンのチ○ポ、ココに入れてよぉ」

美月さんはぼくのチ○ポを握りしめ、強引に挿入を求めるのです。

ぼくは言われるがまま、正常位で美月さんのむちむちした肉づきのいいお股の奥へと勃起したモノを押し入れました。

ううっ、景子さんのおま○こと感触が全然違う。肉圧がみっちり強くて、ハメてるだけで搾り取られそうです。これもまた最高に気持ちいいおま○こです。

「ほら、突いてぇ。めちゃくちゃにしてぇ」

美月さんにせかされるまでもなく、ぼくは本能のままに腰を動かしていました。奥までぐっと突き入れると熱々にとろけた膣がぼくのチ○ポ全体を刺激して、声も出ないほど気持ちいいのです。

快感にひたっているのは美月さんも同様でした。

「おうっ！　す、すごいじゃない……チ○ポ大きいわぁっ。こんなのひさしぶりよぉ。もっと、もっとしてぇっ！」

髪を振り乱し、爆乳をたぷたぷと揺すりながら、美月さんはぼくの出し入れに合わせて激しく喘ぎます。

その様子に触発されたのか、かたわらで休んでいた景子さんが、ゆらりと体を起こしました。

「やだ、美月さんがすごい声出すから、私もまたムラムラしてきちゃった。ねえ美月、私のおま○こ舐めて……」

驚いたことに、景子さんはそう言うと、悶《もだ》えている美月さんの顔を跨《また》いで、自分のアソコを親友の口に押しつけるのです。

二人はときどき女同士でもエッチしている仲なのでしょう。美月さんはいやがる様子もなく、ぺちょぺちょと景子さんのおま○こをクンニしはじめました。

「あんっ、そこ、いいっ！　クリちゃん舐めてぇ。いっぱい舐めてぇ」

美月さんの顔の上に跨った景子さんは、華奢《きゃしゃ》な体を悩ましくくねらせ、両手で自分のおっぱいをもみながら、視線だけは挑発するようにじっとぼくに向けるのです。

美熟女の名器に出し入れしているだけで頭がしびれそうな快感なのに、さらに対照的な美熟女とのレズプレイまで見せつけられて、ぼくの興奮はもう限界でした。

「あーっ、イキますっ。出るぅぅっ！」

「あ、あたしも……あたしもイグッ！　出してっ！　おま○この中にピチピチの若い精子いっぱいぶちまけてぇっ！」

景子さんの愛液で顔中べとべとにした美月さんが、両足をぼくのお尻に絡みつけて叫びました。

「ああん、二人ともすごくいやらしい……見てるだけで、私も、また達しちゃうっ」

メス汁の洪水になったおま◯こを美月さんの顔にこすりつけながら、景子さんも悲鳴のような声をあげました。

うーっ、もうダメだっ！　ヒクヒクわななく美月さんの膣の刺激に耐えられず、ぼくは思いきり美熟女の胎内にピュルピュルと射精していました。

やがてぼくはがっくりと力尽きて倒れ込みました。精も根も尽き果てたとはこのことだと思います。

しかしあきれたことに、肉食系熟女二人はまだまだ満足していないようでした。

「あらあら、すごいわぁ。お兄さん、すごい量出したのねぇ。美月のおま◯こからドロドロ出てくるわよ……おいしそう」

景子さんが、いきなり親友のアソコに口をつけ、逆流する精子をじゅるじゅるすすりはじめました。

「あっ、やあんっ。いまイッたばかりだからおま◯こ敏感なのぉっ。ねぶっちゃダメよぉ。そんなのされたら、またすぐイッちゃうからっ」

美月さんはむっちりした体をふるわせて、また悶絶《もんぜつ》寸前でした。

やがて二人は、へたり込んでいるぼくのほうへと這い寄ってきました。

「うふふ、いっぱい気持ちよくしてくれて、ありがと」

美月さんと景子さんは舌を伸ばして、べとべとになっているぼくのチ○ポをまたしても左右から舐め回してくれるのです。

おおっ、こ、これは……。

玉袋から先っちょまで、二人のベロが休むことなく絡みついてきます。

思わずのけぞってしまいそうな快感でした。うなだれかけていたチ○ポが、ムクムクと再び奮い立ってきてしまいます。

「あらあ、まだまだ元気じゃないの。スケベなおチ○ポくんねえ」

「ああ、だって……は、恥ずかしいです」

二人はにんまりと好色な微笑みを浮かべました。

「今夜はまだまだ楽しめそうね」

そして布団の上に四つん這いになって並んで、お尻をこちらに向けるんです。

むちむちの美月さんの巨尻と、小ぶりな景子さんの美尻。それぞれのお尻の穴まで丸見えです。

それだけではありません。赤黒いビラビラもクリトリスも大きめな美月さんのおま○こ。反対にビラのはみ出しがほとんどなくクリトリスも控えめな景子さんの楚々としたおま○こ。

どちらも共通しているのは、いやらしいマン汁がとろりと溢れ出ているところです。

「今度は二人いっしょにハメハメするのよ」

「ちゃんと同時にイカせてねぇ。ほら、早く、はやくぅ」

ぼくは催眠にでもかけられたみたいにふらふらと身を起こし、二つの淫乱おま◯こに吸い寄せられていきました……。

結局ぼくは一晩中、二人の美熟女から精液を搾り取ってもらい、最高の一夜を過ごしました。

翌朝、二人は気前よくぼくの宿代まで払ってくれ、ぼくたちは連絡先を交換し合って別れました。

家がとても遠くて、お互いなかなか簡単には会いにいけないのは残念ですが、近いうちに、あのひなびた温泉旅館で彼女たちと再会することになっています。

# 保険営業先の色っぽい有閑マダムが乳房を剝き出しにし乳首にしゃぶりつき……

田所秀介　郵便局員・三十八歳

私はとある地方都市の郵便局に勤めています。郵便局とひと口に言っても業務内容はさまざまで、お客様相手の窓口業務に融資の相談、配送業務などその内容は多岐にわたっています。

中でも私の場合は外回りと言って、主に各種保険に関する契約や更新手続き、あるいはお客様へのご契約内容の説明や相談といった仕事で、本局にいる時間はむしろ少ないくらいなのです。

新しい保険をお客さまのニーズに合わせてオススメしたり、あるいはご自宅でお持ちの現金を有効に活用していただくにはどうすればよいか、お客さまの状況にあったご契約などを勧めるのが主な仕事です。

でも、実際のところはそれは建前かもしれません。

というのも私の担当区域は住宅地がほとんどで、保険の勧誘というよりはお客さまのご機嫌伺いという側面が大きいのです。平たく言ってしまえば、お客さまのお話相手をして、なるたけ郵便局を広く活用してもらおうというわけです。

「まあまあ、わざわざお呼び立てして申し訳ありません」

そう言って私を迎えてくれたのは、もう五年越しのおつきあいになる坂本《さかもと》様の奥さまでした。彼女はお子様も独立なさっていて、ご主人と二人暮らし。もう五十手前のはずですが、いつも身ぎれいにしていて上品な方です。

保険も大口のものを何件か契約していただいていて、私にとっては上客です。それだけに「ちょっと貯蓄のことで相談が」などという連絡があると、なにをおいても私がすぐに駆けつけるというわけです。

「まあ、お紅茶でもどうぞ、クッキーもありますの」

「どうも、お構いなく」

にこにこと愛想よくお茶とお菓子を出してくださるのですが、ぶっちゃけて言ってしまうと彼女の目的は貯蓄の相談などではなく、こうして私と世間話をすることだということを、私は先刻わかっています。

まあお子様は独立、ご主人は会社の重役でお忙しい……というかかなりの仕事人間のようです。夫婦仲が冷え切っているとまでは言いませんが、若いころのようなわけにはいかないのでしょう。それだけに、私のような外部の人間と言葉をかわすのを楽しみにしているのだと私は思っていました。

(今日はまた、ずいぶんとめかしこんでいるなぁ)

そう私は思わずにはいられませんでした。

これは職場の誰にも相談できないことなのですが、この坂本の奥さまが私のいちばんの悩みの種なのです。あれは三カ月くらい前からでしょうか、私は不定期にこの家にご機嫌伺いに立ち寄っていたのですが、奥さまの様子がそのころから少しずつ変わってきたのです。

妙に念入りにお化粧をしていたり髪をととのえていたし、明らかによそいきの服を着ているのは、これからどこかにお出かけするのだろうかと、最初は私も気にも留めていませんでした。

しかしそれが二度、三度と続くようになって、ようやく私は彼女が私に見せるためにそういうことをしているのだということに気づいたのです。

「ねえ、先日わたし髪を染めてみたのですけれど、おかしくないかしら」

「ええ、ちっとも。むしろ以前よりずっとお若く見えますよ」

そんなおべんちゃらを口にするくらいはどうということもありません。私の仕事はたくさんの顧客と繋がりを持ち、良好な関係を築くことなのですから。

しかしそんな私の言葉を聞いた彼女は、ぱぁっと顔を輝かせ、しなをつくるようにして椅子に座り直すのです。座りなおした場所は明らかに私に近くなっています。上目づかいの眼差しといい、少女のようにはにかんだ微笑みといい、これはどう見ても彼女は私に対し、色目を使っているのだとしか思えません。

(さて、どうしたものか)

私は既婚者で妻子がある身、いくら若づくりとはいえお客さまに誘惑されたからといって、うかうかとそれに乗るわけにはいきません。しかし、本当のことを言うと、彼女のように年齢には見えない熟女の肉体というのは私のような健康な男性にとっても十分以上に魅力的なものでもあるのです。

(これは別に浮気っていうわけでもないし、言いかえればお客様への一種のサービスのようなものなんじゃないかな)

そんな、よこしまな言いわけのような気持で私が彼女の手を取ると、彼女は何の抵抗もせず、むしろ彼女のほうから私に顔を近づけてきて、唇を重ねてきたのです。

これはもう、彼女の誘いに乗るよりほかはないでしょう、きっと誰だってそうすると思いますし、誰にそれを責められるでしょう。私は彼女の肩に腕を回し、彼女を力強く抱き締め、彼女の唇を舌で割ったのです。

「んっ、んぁ……あぁあ……っ」

れるっ、ちゅぱっ、むちゅちゅ……湿った音が昼下がりの光の中になまめかしく響き、私はもう「これは一線を越えてしまった」とはっきりと感じてしまったのです。第一、いまはまだ昼下がりで彼女の夫が帰宅する時間でもありません。特別な用事がなければ訪問客もないでしょうし、ここは彼女の家、彼女がどんな痴態をさらそうともそれを誰に見られることもないでしょう。そんな言いわけめいたことをつらつらと思いながら、私は彼女のブラウスのボタンをはずし、荒々しくというかあわてた手つきで彼女の真っ白な乳房を露《あらわ》にしたのです。

「あん、やだ……私、少し太っているでしょう」

「そんなことはないですよ。むしろこれくらいあったほうが、男というものはうれしく感じるものなんですよ」

あらそう、という彼女の声を頭の上で聞きながら、私は彼女の乳首を口に含みました。それはすでにこりこりとしこっていて、舌で転がすと彼女は「あ、あん」と甘い声で体をくねらすのです。

「ふふ、あなただってそういう気になってたんじゃない。ほら、ここがもうこんなになっているわ」

そう言うと彼女の手が私の股間をまさぐってきました。なるほど、確かにわたしのそこはもうすっかりと硬く勃起していて、痛いほどになっていたのです。彼女の指が手際よくジッパーを下げると、それは勢いよく外に飛び出しました。

「あぁ、素敵ね」

彼女の白く細い指が私のそれに絡みついて、優しくしごきました。

そう言えばこんなに勃起したのはもう何年ぶりだったろうなと私はふと思いました。もしかしたら私は、こういう変則的なシチュエーションでこそ、いっそう興奮する性《た》質《ち》なのかもしれないと思いつつ、私は彼女をソファに押し倒しました。

「ここで、いいんですか」

「ええ、いいわ、真昼間から、夫以外の男性にこんなところで犯されるなんて、すごくロマンティックだと思いません？」

彼女の言うロマンティックに私は必ずしも賛同しませんでしたが、なんといってもお客さまの言うことです、私は彼女の太ももに手をすべらせ、パンストと、ショーツを一気に引きおろし、左足をぐいと広げてアソコを露にしたのです。

（もう、濡れているな）

さすがに昼間からよその男に色目を使うような色ボケの熟女は、朝からエロい妄想で頭がいっぱいだったに違いありません。私はけっしてそんなことはなかったのですが、そこは男の性《さが》というか、目の前に半裸になった熟女の姿を目にすると、イチモツはそれなりの反応を見せます。

「あら、もうこんなに」

彼女はそう言って、私のモノに指を絡めて軽くしごきました。少しひんやりとした女の指に陰茎がびくっとはねると、彼女はうれしそうに微笑みました。

「やっぱり若い人はいいわね。ねえ、このまま前から思いきり突っ込んで」

そう言うと彼女は自分で自分の両脚を抱え込んで、極部を私に見せつけるように大股開きをしました。私は彼女の大胆さに驚くとともに、そんな彼女の欲深さに肉欲を煽られる気持ちで、右手でシュッシュと陰茎をしごき立てました。

（そういえばコンドームをつけろとも言われなかったな）

彼女の年齢的につける必要がないのか、生ハメが好きなのか、それはわかりませんが、つけずにできるというのは男にとってはむしろ朗報です。

私は手でペニスの先を下にさげ、彼女の陰毛に包まれたその奥にぐぐっと亀頭をねじ込んだのです。にゅるっというわずかな抵抗のあと、私のものは、温かいというか、熱いほどの粘膜に包まれたのです。

「うむぅっ」

「あっ、大きい！」

私たちはほぼ同時に声をあげました。

誰が聞いても、それは郵便保険の額だとは思わなかったでしょう。それくらい色に染まったなまなましい声だったのです。彼女の中は私がうめくほど熱く、ぬるぬるとして私を締めつけてきました。

（すごい、この年の女性のま○こがこんなに狭いなんて）

そう言いつつ、彼女の肉はしなやかに私のペニスに絡みつき、腰を引いて抜こうとすると「きゅうぅ」と締めつけて私を離すまいとするのです。私もそれなりに女性経験はあるほうだと思っていましたが、こんな膣は初めてでした。

「あぁ、いいわ、あなたのおち○ぽ最高よ」

「わ、私もあなたみたいな具合のいいおま○こは初めてです。こんな、こんなのずっとずっと味わっていたいほどです」

私がそう言うと、彼女はきょとんとして目を丸くしました。

「まあ、私、いままで男の方からそんなこと言われたことありませんでした。もちろん、主人にも」

「それはなんとも、残念なことですね。ぼくはもういつ射精してもおかしくないほど、あなたのここが気持ちいいというのに」

彼女は「まあ」と優しく微笑むと、私の首に腕を絡めてきました。そうして両脚を私の腰に回すと、そこからさらにぐうっと挿入が深まったのです。

「あっ、奥まで届いた」

陰茎の先端に硬いものがこつりと届いたと思った瞬間、私の快感が一気にふくらみました。彼女の強い締めつけ、そしてぬるりとした愛液、子宮と思われる抵抗、それらすべてが私を射精に導いていったのです。

「あぁあああ〜〜っっっ」

年甲斐もない恥ずかしい声をあげ、私は彼女の中にすべてを出し切ってしまいました。彼女はそんな私を優しく抱き締め、最後の一滴まで私の出したものを子宮ですべて受け取ってくれたのです。

「すごく、いっぱい出してくれたのね、うれしいわ……」

私から体を離すと、彼女はにっこりと微笑んで髪をかき上げ、そして私にキスをしてくれました。彼女の右手が股間にさし込まれ、そこから救い上げられた私の精液が彼女の口に吸い込まれるのを見ると、さっきあんなに射精したばかりの私のイチモツが、見る間にむくむくと大きく勃起していくのです。

彼女も「まぁ」と目を輝かせて四つん這いになると、私の股間に顔を近づけてきました。ぴちゃぴちゃ、くちゅ、くちゅ……昼下がりのリビングにいやらしい音が響き、私のものは完全に復活しました。

「ねえあなた、今度はこっちから」

彼女はソファに後ろ向きに四つん這いになりました。

真っ白なお尻がぷっくりと肉が乗っていて魅力的です。その割れ目の奥にはさっきまで私の猛々し陰茎がねじ込まれていたのです。今度は後ろから、あの魅惑的なぬるぬるのメスま○こを味わえるのかと思うと、イチモツはいっそう猛るようです。

「では……」

と言って、私は彼女の真っ白な尻を両手でなで回し、その弾力と柔らかさを存分に楽しみました。割れ目を押し広げるとその奥に彼女の小さなお尻の穴と、その奥には見えにくいですが女の恥ずかしい唇があるはずです。

そこにこのビンビンに勃起したペニスをねじ込み、彼女をひいひいと泣き喘ぎよがらせたい、そんな衝動にかられました。

リビングの窓は大きく、昼下がりの光が差し込んで私たちを照らしています。真昼間から、こんな恥ずかしい格好で不倫セックスをしているだなんて、どう考えてもまともではありません。でもまともでないからこそ、それだけ快感を覚えるのです。

これぱかりは、経験したことのない人間にしか理解できないでしょう。

ずぶ……ずぶぶぶ……私の陰茎が彼女の底を貫いていくと、彼女は「あぁ……」と切ない声を洩らしました。きっとご主人に同じことをされても、彼女はこんな悩ましい声をあげたりはしないでしょう。

そんな自負心を持って私はバックスタイルで彼女を貫き、ずぶりずぶりとぬるった彼女の秘奥を突きつづけたのです。

「あぁっ、さっきより深いっ！　深くて、前が、前がごりごりこすられてるぅ」

正常位と違い、バックからでは膣をこする部分も違います。彼女も気分が変わるのでしょうが、私もペニスから伝わる感触が異なっていて、油断すればすぐに精を放ってしまいそうです。

ですがここは十二分に彼女を満足させなければならないと判断して、私は腰を振るリズムを微妙に変えて彼女からいやらしいよがり声を引き出しつづけたのです。

「あぁ〜〜っ、私もうダメ、イクっ、イッてしまうわ！　こんな、こんな気持ちいいのなんて久しぶりなの〜〜」

「じゃあいっしょに行きましょうか、奥さまの中にぜんぶ出してもいいんですか、いいですよね？」

「出して、中に出してぇえええええっ」

どくっ、どく、どく……ソファがギシギシときしみ、私はたっぷりと濃厚な精液を彼女の中に吐き出しました。

彼女はぐったりとしてソファにうつ伏せ、背中にはうっすらと汗をかいていたのですが
立ち上るメスの色香はまだまだ衰えていない様子です。これはまだ完全にイキきっていないのかと私は思いました。

（こっちのブツの具合はどうかな）

と、彼女の底から抜いたイチモツを軽く指で持ち上げてみると、さすがに少し力を失っていました。けれどそのうちにまた、むくむくと芯が入ったように硬く反り返ってきたので、もう一回くらいは十分できるだろうという結論を出しました。

（なにしろこれも、お客さまへのアフターサービスだからな）

私は背後から彼女の耳に軽くちゅっとキスをして、乳房をもみました。

その仕草だけで、私が次にどういう形で彼女を犯したいか、彼女には通じたようです。少し体を離しただけで彼女は窓際のほうに行き、まだ昼間の陽光が差し込んでいる庭に自らの裸体を見せつけるようにさらし、私にお尻を向けたのです。

くっとお腹に力を込めると、彼女の股間からさっき私が注ぎ込んだ精液が「つうっ」と垂れ落ちるのが見えました。明らかに私に見せつけ、私を煽っているのです。そんなものを見せられれば、もう私の股間のものはビンビンに勃起するよりありません。

ぴしゃっ、私は大きく右手を上げて彼女の尻を打ちました、

「あぁんっ」

ぴしゃん、ぴしゃっ。叩くと彼女の白い尻がうっすら赤く染まり、私の興奮もいや増します。もうこうなったらすることは一つしかない、私は両手で彼女の腰を抱き寄せ、彼女の尻の奥に勃起したモノを突き出しました。

「あぁあっ！」

ぬるっ、にゅぶぶぶっ……さっきと同じ、いえさっきよりもぬるぬるして締まりのいい肉が私を締めつけてきました。その心地よさに耐えかねて、さらに腰を突き出すともっと熱い肉が私を咥えこんでくるのです。

（こんなきついの、射精すらできないんじゃないか？）

私はもう無我夢中で彼女の腰を抱き寄せ、自分の腰を突き出し、彼女の中を掘削するような勢いで彼女のま○こを突きつづけました。

「あぁ、そんなの、こんな、すごいっ！　もっと、もっと」

彼女に請われるままに、私は全身を波打たせるように腰を突き出し、彼女の中を犯しました。

彼女の家がいわゆる住宅地にあり、しっかりした作りなので防音もちゃんとしているはずなのですが、彼女のよがり声はもしかしたら外に聞こえてしまうのではないかというほどの大声でした。

しかし、そんなよがり声を出させているのが、ほかならぬ自分だという喜びもあり、私は彼女をガラス戸に押しつけるような勢いでピストンを続け、彼女はあへあへと情けない声を出してその場に崩れ落ちるのです。

世間一般ではまだふつうに人が働いている時間、いいえ私自身本来なら仕事をしているはずの時間なのですが、それはこんなところで、こんな淫らな熟女に勃起ペニスを突っ込み、こんな快感を味わっているだなんて、とてもじゃないけれど誰に見つかるわけにもいかない光景です。

しかし、そういった禁断のスリルが私たちの快感をいっそう高めてくれているのでしょう。それが証拠に、彼女の股間からはさっきからぽたぽたといやらしいメスの汁が垂れ落ち、私の陰嚢まで濡らしているのです。

「ひい、ひあぁあっ、んくぅううっ！　私もうダメ、イキすぎてもうおかしくなっちゃいそう！　ねえ、このまま、うしろから私のことイカせて！」

「そうですね、こっちもそろそろ限界だ……」

私は彼女の腰から手をすべらせ、たっぷりとボリュームのある乳房を両手につかみました。腰のほうは、もう私が動かなくても彼女のほうが勝手に前後に動かし、私のモノを味わっているのです。

私は両手の指先に硬くしこった乳首をつまみ上げ、くりくりとこね回すと、それにあわせて彼女の中がきゅうきゅうと私を切なく締めつけるのです。

（このままじゃ自分のほうが先に絞られる……どうにかしないと）

幸いにも、私は全裸にまではなっていませんでした。

なので背広のポケットを探り、スマホを取り出したのです。そしてそれを撮影モードにすると、私に股間を指し貫かれて悶《もだ》えよがっている彼女の痴態をカシャカシャと撮影したのです。

「えっ、なに、なんなの!?」

その音に驚いた彼女はひとまずアクメ寸前状態から我に返り、私が見せたスマホの画面を見ました。彼女自身はそれほどスマホには詳しくなかったのでしょう、ばっちりと撮影された自分の尻を見て顔を真っ赤にすると、いやいやと首を振るのです。

しかし、そんな初心《うぶ》な彼女こそ私の獣欲をそそり立て、私はスマホ片手に彼女の腰を抱き寄せてずぶりと陰茎を突き入れるのでした。

「あぁんっ、見てるの、見られてるの？　見られながら犯されてるっ」

「ああそうだよ、ほら、この画面なんかばっちりだよ」

私はスマホの静止画面を彼女に見せつけながら腰を振りました。

本当は誰に見られているわけでもないのに、ただのスマホで撮影しただけだというのに、彼女の興奮ぶりは予想以上でした。

「さあ奥さんのおま○こに精液を注ぎ込むところをばっちり動画で激写しますよ。もちろん奥さんのイキまくりま○この様子もね」

「あぁあんっ、恥ずかしい、そんなのだめええっ」

絶頂の痙攣を繰り返す彼女の淫肉の奥の奥に、私は思いきり溜まりにたまったものを吐き出しました。私の射精に合わせて、彼女の膣肉もすばらしい痙攣を見せ、私の中から最後の一滴までも搾り取ってくれたのです。

「あぁ……もうこんな時間……私、こんなの初めてよ」

こんな時間といっても、まだ午後五時にもなっていませんでしたが、かれこれ四時間以上は交わっていたことになるでしょうか。

私たちは身支度をととのえ、さっきまでの淫らなひとときがまるでなかったかのように装《よそお》ってから別れました。もちろん、彼女との関係はこれ一度では終わりませんでした。私か彼女、どちらかが誰かにバラさなければ、これほど好都合な浮気相手はいのですから。

私だって、彼女は仕事上の私の上客であり、そのうえ肉体上のパートナーでもあるのですから、お互いにウインウインといったところでしょう。

彼女にしてみても、誰にも疑われることのない平日の真昼間に、年下の男相手に思うさま淫らな姿を見せられるというのはさぞ快感だろうと思います。最近では私が来る時間に合わせ、わざと薄着をして、すぐにもセックスを始められるように準備しているというありさまなのです。

言うまでもなく私のほうも彼女の家を訪ねるときは自然と股間のものがビンビンになって、時には玄関で抱き合い、そのまま立ったままでま◯こにペニスを突き入れるほどです。

こうなってはもはや、どちらがどちらのお客かわかりませんが、それで私も彼女も満足しているのだから、それでいいのでしょう。

# 姪っ子の彼氏を見定めるのにかこつけ若いイケメンの顔にアソコをこすりつけ……

戸山美保　会社役員・五十歳

もうすぐ五十歳になりますが、いまさら結婚願望もなく、気ままにお一人さま暮らしを楽しんでいます。近くに住んでいる姪っ子がちょくちょく遊びにきてくれるので、さびしいと思ったこともありませんでした。

姪の莉子《りこ》は妹の娘なのですが、一人っ子のせいか、小さいころから私になついています。大学生になったいまも、私のことを美保《みほ》姉ちゃん、と呼んでくれて年の離れた姉妹みたいに仲よしです。

最近では、母親には話せないことなども話してくれたり、相談してくれたりします。

先日は、彼氏のことで相談されました。

姪は高校まで女子校だったので、初めてできた彼氏なのですが、最近になってその彼に、「女好きの遊び人」という噂があることを知ってしまったらしいのです。このままつきあっていていいものか悩んでいました。

同じ大学で知り合ったという諒《りょう》くんの写真を見せてもらうと、いまどきのイケメンで、確かにモテそうでした。

つきあってすぐにキスはすませたそうなのですが、三カ月目になって、初めてラブホに誘われたらしいのです。ひとまず断ったけれど、次に誘われたらどうしよう、と悩んでいました。

姪は処女なので、慎重になるのも理解できました。処女を守れという気はありませんが、ろくでもない男にそのまま夢中になって、傷つくのだけは避けなければいけないと思いました。

写真を見たり話を聞いたりする限り、確かに童貞ではなさそうな気がしました。女を覚えたてで、穴があれば突っ込みたい盛りなのだろうと思いました。

「いつも、莉子ひと筋だよ、なんて言ってくれたのに。なんか裏切られた気分」

まだ純粋な姪は、がっかりしたような表情を浮かべていましたが、遊び人に限ってそんなセリフを吐くものです。

そうは言っても、やはり実際に会って話してみないとわからないので、家に連れてきなさいと提案しました。

独身でも、男性経験だけは豊富な私が品さだめしてあげると言うと、姪はうれしそうな顔をしました。

「頼もしい！　美保姉ちゃんなら、本性を暴いてくれそうだもん」

だまされたような悔しさがあり、仕返ししたい気持ちだったのだと思います。

「うふふ。誘導尋問してみようかしら。まあ、任せて。莉子のためにがんばるわ」

どれほど遊び人だろうが、しょせん、二十歳そこそこ男なんて、私から見れば子どもみたいなものです。姪と作戦を立てて約束すると、会うのが楽しみになっていました。

約束の日、二人をもてなすために、早くから夕食の準備をして待ち構えていました。

正直に言うと、イケメンの若い男に会うということでソワソワしていたのです。

最近あまり男遊びもしていなかったし、おもしろいこともなかったので、ちょうどよいイベントでした。

私がそんなに気合を入れることもないのに、念入りにメイクをしたり服を選んだりしていました。莉子がバカにされないためよ、と自分に言いわけしていましたが、やはり男の視線はいくつになっても気になってしまうものです。

五十になって、だいぶ太ってしまったけれど、そのぶん、バストが昔より立派になっています。ブラでさらに持ち上げて、胸にぴったりフィットするニットを選びました。

午後になって、二人が仲よく訪ねてきました。

諒くんは、写真で見るよりずっとイケメンでした。背も高くて、想像していたより大人びて見えたので、一瞬たじろいでしまったほどです。

姪と立てた作戦は、夕食のあと、姪が母親からの連絡で急用ができたことにしていったん家に戻り、二人きりになった間に私が諒くんの本音を探るというものでした。

そのためにも、彼に「話のわかる伯母」をアピールしなければなりません。

最初は少し緊張していた様子の諒くんも、話すうちにリラックスしてきたのがわかりました。私は母親でもないしと言って、くだけた雰囲気を演出していたのです。

二人のなれそめを聞いたり動画を見たりして三人の時間は楽しく過ぎていきました。

「莉子から聞いていたけど、ほんとにお姉さんみたいですね。年齢より若いし」

お世辞だとは思いつつ、子どもみたいな年の彼からそう言われて、ドキッとしました。そんなほめ言葉をさらりと言ってのけるあたり、だてに女たらしじゃないわね、と妙な感心をしてしまいました。

夕食のあと、作戦どおりに姪が部屋を出ていきました。ころあいを見て、私からメールすることになっていました。

二人きりになって彼が警戒しないように、彼が好きだという音楽をかけ、お酒を勧めてみました。すると、ニコッと笑って手渡したハイボールを飲んでいました。

「どんなところに飲みにいくの？　莉子は飲めないからつまらないわね」

姪はお酒がダメなので、彼が羽目をはずすとしたら、彼女を連れていかない飲みの席だろうと思って探ったのです。

少し酔ってきた彼の語りは、どんどんなめらかになってきていました。実は、姪のためだけでなく、私自身が彼に興味を持って、いろいろ聞きたくなっていたのです。自分の部屋で男と二人きりになるのも最近なかったことなので、なんだか体がほてっていました。

こんな若い子も女のアソコを舐めるのかしら、とか、どんなふうに腰を振るのかしら、なんていやらしい想像が次々と頭を巡ったのです。

「ね、ここだけの話、飲んだ勢いでお持ち帰りとかする？　莉子には内緒にするから教えてよ」

ソファにかけていた彼の横に体を押しつけて座り、ナイショ話風に顔を寄せてみました。大きなお尻を彼の腰に当てると、遠慮がちに足を組んでいました。

「だってこんなイケメン、女が放っておかないでしょう？　あ！　まさか、童貞？」

煽ってみると、ムキになりました。いきがりたい年ごろなのです。

「女くらい、もう知ってますよ。まあ、美保さんの数には敵《かな》わないでしょうけどね」

最初はごまかしていたのに、乗せているうちに、少しずつ口を割りはじめました。こちらの思惑どおりに反応するのがおもしろくなってきて、どんどん体を寄せていました。エロくなれば、男はますます油断するものです。

膝上までずり上がったスカートから、太ももが丸見えになっていましたが、気づかない振りで投げ出していました。広く開いたニットの胸元から谷間が見えるのも意識して、わざと前屈みになったり、彼のほうに向けたりしていました。

触れていた彼の腕が、思いのほかがっちりしているのに気づきました。

「あら、意外と筋肉あるわね。何かスポーツやっているの？」

さりげなく肩や腕に触れると、調子に乗った彼はシャツをめくって、鍛えているという腹筋を見せてくれました。細いけれど、ちゃんとシックスパックになっていて、ふざけた乗りでさわってみたら、ドキドキしてしまいました。

彼も、くすぐったいよ、と照れて笑っていましたが、まんざらイヤそうでもなく、「こなんかもすごいんですよ」なんて胸や脚をまくって見せてくれました。

体毛の薄いスベスベとした肌を見て、思わずなでていました。青臭さと男の色気が同居する体の奥の、精液を想像しました。若い精液を体の奥にぶちまかれたら、どんなにいいかしら、と想像するだけで、アソコが疼きました。

「私なんて、最近ダイエットもさぼっているから、見て。こんななのよ」

ニットを胸の下までめくって、プニッとしたお腹を見せました。

「私のお腹もちょっとさわってみて。少し前まで腹筋もあったのよ」

彼の細い指が、遠慮がちに素肌に触れてくると、アソコがジュワッと濡れはじめてしまいました。本来の目的から逸《そ》れてしまいそうでしたが、楽しくて止められなくなっていたのです。

「うわ、何これ、プニュプニュ！　でもお腹より、胸のほうが目立ちますよね」

そう言って、バストを見つめられました。何カップ？　と聞かれて、Fだと答えると、ニヤニヤしていました。

「目立ちすぎて恥ずかしいときもあるの。大きい胸って、好き？」

彼はお酒で赤くなっていた頬をさらに赤く染めて、「もちろん」と答えました。

そんなやり取りをしていたら乳首が硬くしこってきてしまったのです。すごく敏感で、オナニーのときは必ず胸からさわるのですが、やっぱり男の指でいじられたくなるときもあります。

「でも、いまは彼氏もいないから、宝の持ち腐れね。重たいだけよ」

そう言って襟ぐりを引っぱって谷間を見せつけると、「すげー」と言ってのぞき込んできました。間近に迫った彼の息が素肌にあたり、ゾクッとしました。

「莉子は、幼児体型で、まだオッパイも小さいものね。つまらないんじゃない？」

わざとカマをかけてみました。

「いや、まだ見たことないからわかりません。彼女、けっこう固いんです」

素直に答える彼の様子から、警戒心が消えているのがわかりました。

「あら、まだ莉子とは、していないの？　若いから悶々《もんもん》としちゃうでしょう？」

言いながら彼の股間に目をやると、少しふくらんでいるように見えました。すぐにでもさわって確かめたいくらい、いやらしい気持ちがわいていました。

「まぁ、そういうときもあります。でも、嫌われたくないから無理は言えません」

恥ずかしそうに答えた彼を見て、なんてけなげなのかしら、と母性本能をくすぐられて抱き締めたくなりました。

体を寄せて密着していた部分が、とても熱く感じました。私の体温だけでなく、彼の体も熱を帯びていたのです。大人ぶっていても、簡単に誘導尋問に引っかかる彼がかわいくてたまりませんでした。

けれど、その誘導尋問も、だんだんと、姪とのためにやっているのか、興味本位でやっているのかわからなくなっていました。

「莉子は、そんなに思われて幸せね。でも我慢するのってたいへんだと思うわ」

彼が深くうなずきました。その横顔を見つめながら、バストを押しつけて、耳もとでささやきました。

「かわいそうに。莉子が許すまで、遊びの女で我慢するしかないわけね。仕方ないわ」

同情されて気を許したのか、お酒で思考が鈍ったのか、彼は「そうなんです」と素直につぶやきました。

姪が心配していたとおり、ほかの女にも手を出していることを白状したのです。

それを確認して、私の任務は終わりのはずでした。

本来なら、すぐにメールをして姪を呼び戻し、聞いた事実をどうやって伝えるのか考えてあげないといけなかったのです。

けれど、まだ彼と二人きりでいたいという、女の欲求が勝ってしまいました。

せっかく彼が打ち解けて、いいムードになったところなのです。相手は、かわいい姪っ子の彼氏だけど、誘惑してしまいたい……葛藤の中で考えました。

でも、どっちみち、噂どおりの男だと知ったら姪は別れると言うんじゃないか、伯母の立場としても、そんな浮気男なんかやめておきなさいとアドバイスするのが正しいんじゃないか、って。

欲求に勝てず、自分に都合のよいほうにばかり考えてしまうのです。そして思いついたのが、彼が自分の誘惑に乗ってきたら、別れさせるという方法でした。どんなにろくでもない男か、体を使って試したことにすればいい。万が一バレても言いわけできると思ったのです。

「若いっていいわね。私なんて相手がいなくて、自分で慰《なぐさ》めているのよ」

そう言うと、彼が「え!?」と驚いたような顔をしました。

「いつも、ここでね、こんなふうに寝そべってしているの。さびしいと思わない?」

ソファにあおむけで寝転がるまねをしながら、胸をまさぐって見せました。つかんで寄せたバストが盛り上がると、再びじっと見つめられました。

彼に見つめられながら胸をまさぐってみたら、どうしようもないほど気持ちがよくなってきました。

「いやだわ、見て。少しさわっただけで、乳首が立っちゃった。最近特に敏感なの」

疼きを抑えきれなくなって、ニットをずり上げ、バストをさらけ出していました。

自分でもみながら、ゆっくりと上半身を倒して、ブラジャーから乳房を引っぱり出しました。ぷるるんっ!　と勢いよく乳房がこぼれ出すと、彼は目を見開いていました。硬くしこった乳首が、恥ずかしいほど黒ずんで見えました。

「う、うわ。すごい、ほんとうに立ってる」

唾をごっくんと飲みこんだ彼の視線を感じながら、どんどん興奮していました。

「いつも、こうしてさわっているうちに、アソコが、グチュグチュになっちゃうの」

片方の手で乳首をつまみながら、もう片方の手をスカートの奥の股間に伸ばしていました。自分でも驚くくらい、ショーツまでべっとり濡れていました。

ソファの下に崩れ落ちた脚を開いて、見せつけながら陰部をまさぐりました。

「イヤン、恥ずかしいのに、諒くんみたいなイケメンに見られていると感じちゃう」

ショーツの中に手を突っ込んでクリトリスをいじくると、ワレメがヒクヒク痙攣しました。

「ああ、どうしたらいいの。体中がムズムズしてきちゃったわ、ウン、ウウン！」

アソコをまさぐりながら、腰を浮かせて揺すっていると、彼が恐るおそる手を伸ばしてきました。

「て、手伝いましょうか？」

そう言って、露《あらわ》になった太ももをなでてきたのです。

「こんなおばさんのオナニーを、手伝ってくれるの？」

鼻息を荒くした彼は、首を縦に振って「ぼくでよければ！」とニヤついて言いました。彼のジーンズの股間がくっきり盛り上がっていましたが、隠すことさえ忘れているみたいでした。

「あ、でも、莉子には内緒でお願いしますね」

そうささやいて、テーブルの上のスマホを気にした彼に、とっさにウソをついていました。

「もちろんよ。そう言えばさっき、莉子から、遅くなるってメールが来ていたわ」

すると、ホッとした表情を見せて、乳房をムギュッともんできました。新しいおもちゃを手に入れた子どもみたいな、無邪気なさわり方でした。

「うわぁ、こんなに柔らかいオッパイ初めて。さわっているだけで気持ちいい」

焦らされていた体が一気に燃え上がり、カーッと熱くなりました。ふだんは若い女ばかり相手にしているはずの彼が、思いのほか喜んでいるのが意外でした。

「ううっ、大人のオッパイっていやらしいんだな。もっと強くもんでいいですか？」

昂奮に上ずった声をあげていました。年季の入った乳房の感触が、かえって珍しかったようです。極端に若い男には、年も武器になるのね、とうれしくなりました。

「いいわよ、乱暴にされるほうが感じるの。アン、アア！　吸ってもいいのよ」

促すと、勢いよくおおいかぶさってきました。若い女に対抗できるのは、ちょっとやそっとじゃ痛がらないことです。どんな愛撫でも感じられるのが武器でした。

ピンク色の唇で乳首に吸いつかれると、全身の毛穴から汗が噴き出しました。

「フーッ！ アフ、ン！ ハッアアン、気持ちイイわぁ～」

ときどき歯が当たり、がむしゃらな手つきで乳房をぎゅうぎゅうもまれました。刺激に飢えていたので、すぐに気持ちがよくなりました。

彼がいくら遊んでいるとはいえ、まだぎこちない愛撫が若さを物語っていて、むしろ興奮したのです。瞬《また》く間に、乳房が唾液まみれにされていました。

「アッ、アハン。お願いがあるの。下のほうも手伝ってくれないかしら」

そう言ってショーツを脱ぎ捨てると、開いた脚の間に彼が頭をもぐり込ませてきました。こうこうと電気の灯った明るい部屋でやるのも熟女の醍醐味だと教えたかったのです。

「うわっ！ 丸見えですよ。ここは、どうすれば？ 指、入れていいですか？」

うなずいて腰を突き出すと、グチュグチュと音を立てながら彼の指が入ってきました。もっと入れてとせがむと、二本の指が突き刺さってきて、奥をかき回されました。

「中、けっこう狭い。おばさんのオマ〇コって、もっとユルユルかと思ってました」

腰を揺らしてよがっていると、指を入れたまま、クリトリスを舐められました。勃起していたクリトリスに、灼けるような刺激が走りました。

「キャッ！　なかなかやるじゃない、じょうずだわ。諒くんもそんなことするのね」

ソファから半分ずり落ちた態勢のまま、自分で膝を抱えて大きく開いていました。アソコに吸いついてくるイケメンの顔を見ていたら、すぐにイキそうになってしまいました。オナニーのまねごとをして見せつけるつもりだったのに、すっかり本気で悶えまくってしまったのです。

アソコをかき混ぜる彼の指の動きが速くなり、全身をピクピクふるわせていると、脚の間に彼が股間を押しつけてきました。

「美保さんのせいで勃起しちゃった。どうしてくれるんですか？」

ようやく、我慢できないというふうに腰を揺すって、求めてきたのです。

「女たらしのイケメンのオチ○チン、見てあげる」

立ち上がった彼の股間に手を伸ばすと、ジーンズの中で痛々しいほどふくらんでいました。ずりおろすと、トランクスはべっとり濡れて、大きなしみができていました。しみの部分を指先でなでると、トランクスの生地からにじみ出たカウパー液が、ネッチョリと指に絡みついてきました。

浮かび上がったペニスの輪郭をなぞってみると、大きめのバナナくらいのサイズがあり、思わず唾液がわいてきました。

「うわん！　大きくて、しかも太いわね！　これじゃ、女はひとたまりもないわ」

べろん、とトランクスを脱がせると、皮を張り詰めたペニスが飛び出してきました。深いカリ首の亀頭は、猛々しく天井を向いてそそり立っていました。

「おいしそう！　あぁん、食べちゃいたいわ。舐めっこしましょう」

カーペットの上にあおむけに寝かせた彼の顔にシックスナインで跨《また》がって、のどの奥まで呑み込みました。

久しぶりのご馳走です。若い汗臭さと苦みを堪能《たんのう》しました。

亀頭を奥に突き刺しても、半分くらいしか入らないほど大きかったので、舌で散々舐め回してから、手でこすり、硬くなっている玉袋をしゃぶりました。

カウパー液と唾液が混ざって、ローションを塗りたくったみたいに、ヌルヌルになっていました。

「けつ、デカ！　美保さんのけつ、メロンみたい！」

彼がお尻をなで回してきたので、自分から腰を振ってワレメを押し当てました。

「アーッ、気持ちイイわ、腰が砕けそう」

若いイケメンの顔にアソコをこすりつけるなんて、最高のぜいたくです。顔を圧し潰しても、彼のペニスは萎《な》えるどころか、うれしそうに反り返ってきました。

「ねえ、こんなに濡れてて、入れたくなりませんか？　なんだったら俺のを……」

ペニスがググッ！と力みを増すと同時に、我慢できなくなったようでした。

お尻を彼の顔に向けたまま高く持ち上げて、待ち構えていました。

「そこまで手伝ってくれるの？　うれしいわ。じゃあ、お願いしようかしら」

ヌルついた亀頭が、たどたどしくワレメの入り口を探ってきました。待ちきれなくなって手を伸ばし、花びらを開いてあげました。ズボッ！　と頭がめり込んできたので、こちらから突き出して迎え入れました。

「おおっ、すんなり入った！　最初はみんな痛がるんですよ、ああ、気持ちイイ」

確かにそれくらいの圧迫感がありましたが、まさにハメられているという感じで私にはちょうどよく、すぐに快感が駆け抜けました。

「ハフッ！　こんなの莉子には無理だわ、私でもいっぱいなのに！　アン、突いて」

全部入りきるとすぐに、猛烈な勢いで腰を振ってきました。その勢いまかせの振動は、動物の交尾を思わせました。テクニックもなく、乱暴で、新鮮でした。

「アヒ、アヒ、イイ〜！　すごいわ、すごいわ、オマ◯コが壊れそうっ」

そのまま空洞をくりぬかれてしまいそうな力強さがありました。激しい摩擦で体の芯まで熱くなり、煮えたぎった快感がこみ上げてきました。

「イ、イクッ！　ア、ア、アッ！　そのまま中に、いっぱい出して！」

私が言うよりひと足早く、中に発射されていました。

「ハァ、ハァ、ヤバい！　莉子の伯母さんに、入れちゃった、出しちゃった」

射精した途端、あせりだしていました。若い男ってほんと単純でかわいいものです。

「こんなにおませな男の子、莉子にはまだ、扱いきれないと思うわ」

白い液体とともにズルッと抜けたペニスを指先でなで回すと、くすぐったいと言いながら、すぐにまた、力をみなぎらせていました。

「あら。後悔したそばから勃起してるじゃないの。次はどの体位がいいの？」

これも姪を思えばこそ、と心の中で言いわけして、そっとメールを送りました。

「諒くんはもう帰りました。やっぱり別れたほうが身のためよ」って。彼はそれすら待てずに、スマホを持ったままの私を押し倒して挿入してきました。

翌日、落ち込んだ姪がやってきましたが、若くてかわいい姪にはすぐに素敵な人が現れることでしょう。私の場合、このチャンスを逃したら次はないかもしれません。

諒くんはいま、私のセフレです。

第四章

# 肉の温もりに淫欲がよみがえり

# 出張マッサージで当たったむっちり熟女に体を密着され施術されているうちに……

近藤正人　会社員・四十五歳

私は食品メーカーの営業をやっているので、地方出張が多いんです。

若いころは旅行気分で各地のおいしいものも食べられますし、それはそれで楽しかったんですが、この歳になると、体力的にきつい部分があるんですよね。

二十代、三十代ではなんともなかった歩いたり走ったりがすごくつらいんです。列車や飛行機に乗ってるだけでも足腰に負担が大きいですし、取引先で姿勢を保って長いこと打ち合わせしたりすると、体中がバキバキにこってしまいます。

ですから、ここ一、二年はもう、仕事終わりのビールもそこそこに、ホテルに帰ってマッサージを呼ぶのがなによりの楽しみなんです。

そうしないと、ホテルのベッドでは安眠できなくて、翌日まで疲れが残ってしまいますから。だいたい月に一回は泊りがけの出張があるので、これまでで二十回ぐらいはマッサージを呼んでいると思います。

料金はだいたい六十分で六〜七千円です。このご時世、それが経費で認められるわけもなく、ポケットマネーです。かなり痛いんですが、致し方ありません。

マッサージ師さんは男性と女性がいて、何も言わないとどちらが来るかわからないんです。最初はお任せしていたんですが、やっぱり男性のほうが力があるせいでしょうね、私のようなこり性は強くやってもらったほうが効くような気がするので、いつも男性のマッサージ師さんをお願いしていました。

そんな私がこの体験をしたのは、ようやく東京も秋の気配が濃くなってきた今年十一月初旬のことでした。場所は北海道の札幌です。さすがに北海道はすでに冬の気配がただよっていました。そのときも電話でこんなやり取りをしたのを覚えています。

「それで、男性のマッサージ師さんをお願いしたいんですが」

「申し訳ございません。すぐに伺えますのは女性のマッサージ師しかいないんです。ただ、ベテランですぐれた技術を持っていて、お客さまの評判も非常によろしい女性がいるんですが、いかがでしょうか？」

「わかりました。じゃあ、その方でお願いします」

ぼくが泊まっていたのはビジネスホテルのシングルルームです。その日の昼間は三件の取引先との商談があり、心身ともに疲れていました。

マッサージを依頼して十分ほどで部屋のチャイムが鳴りました。

「失礼します。本日は○○治療院をご用命いただきありがとうございます。ご担当させていただきます、藤野《ふじの》と申します。よろしくお願いいたします」

「あ、はい、こちらこそ。よろしくお願いします」

その藤野さんという女性マッサージ師は、ストレートのロングヘアできれいな顔立ちをしていました。歳のころは四十代後半といったところでしょうか。

薄手のコートを脱ぐと、マッサージ師さん独特の白い上下のユニフォームを着ていました。伸縮性がありそうなパンツに包まれた下半身がほどよく肉感的でした。

「それでは、さっそく始めさせていただこうと思いますが、特にこられているところですとか、ご要望などはございますでしょうか？」

そう言いながら長い髪をゴムで一本にまとめ、さらにヘアバンドで前髪を押さえるようにしました。そのしぐさが色っぽくて、ゾクッとしてしまいました。

「ええと、まあ、全身疲れてるんですけど、特に腰と脚をほぐしてもらえますか。あの、思いきり強くやってもらっちゃっていいですよ」

「かしこまりました。それでは、うつ伏せになっていただけますでしょうか」

私はボクサーパンツの上にホテルの浴衣一枚でベッドの上に突っ伏しました。すると藤野さんは、ベッドサイドから私の全身を探るように指圧しはじめました。

「うーん、確かにかなりこっていらっしゃいますね」

そう言ってベッドに乗り上がってきました。

「では、肩から順番にもみほぐしていきますね。ほんとうに思いきり力を入れたほうがいいと思いますので、ちょっと失礼して跨《また》がせてもらいます」

藤野さんは私の背中を跨《また》いで、立て膝で踏ん張り、肩を押しはじめました。

それからしばらくの間は、お互いに無言でマッサージが続きました。やはり男性のマッサージ師と比べると力は弱いのですが、藤野さんの技術はほんとうにすばらしく、的確にツボを心得ているようでした。

肩から二の腕とマッサージが続き、やや下がって背中をマッサージしながら、藤野さんが「いかがですか？」と話しかけてきました。

「すごく気持ちいいです。ハイ、最高です」

「ふふっ、よかったです。それじゃ、このまま続けさせてもらいますね」

そして藤野さんは、私の裏腿のあたりに座るように腰をおろして、私の腰から尻をマッサージしはじめたんです。

「このほうが力が入るので、座らせてもらいますね」

「はい、どうぞ……」

「すみません、重くありませんか」

「全然。気にしないでください」

私はそう答えましたが、気になって仕方ありませんでした。

グイグイとリズミカルに指圧されるたびに、私の裏腿にムニュッ、ムニュッと藤野さんのお尻がのしかかってくるんです。むっちりとした量感がたまりません。

ほんとうに私はこりが苦しいだけで、いくら色っぽい熟女のマッサージ師さんとはいえ、よこしまな気持ちなどなかったのですが、その刺激には冷静でいられませんでした。

昼間の仕事が忙しかっただけに、「疲れマラ」というのでしょうか、藤野さんのお尻のいやらしい感触に反応して、ギンギンに勃起してしまったんです。

その後も藤野さんは、私のふくらはぎに座って、尻の下部や腿を入念にマッサージしてくれました。太もものつけ根から玉際まで指を入れてきて、愛撫を連想させるような手つきでもんでくるので、勃起はいっこうに治まる気配がありませんでした。

「あっ、くぅ、そんなとこまで……」

「はい、どうかされましたか？」

「いえ、なんでもありません」

それから体の向きを反転させて、また私の裏腿に座り、足の指までもみほぐしてくれた藤野さんは、私の上から体をどけてあたりまえのようにこう言ったんです。

「それでは、あおむけになっていただけますか」

「……いや、あの、それはちょっと」

「何かマズイことでも？」

「いえ、別に……」

「前もマッサージしないと、体のバランスがおかしくなってしまいますので」

「そ、そうですか」

私はもう、覚悟を決めるしかありませんでした。

目をつぶって、一、二の三であおむけになりました。それでもやっぱり恥ずかしいので、その瞬間、浴衣の前をかき合わせるようにして股間を両手でおおってしまいました。自分から勃起していることを白状しているようなものです。

「あら、お客さま」

と、藤野さんの小さな声が聞こえました。

私が目を開けられずにいると、耳元でこうささやいてきました。

「大丈夫ですよ、そんなに恥ずかしがらなくても」

もしかすると、藤野さんは私が勃起してるのをずっと前から気づいていたのかもしれません。不謹慎な私を懲らしめるために、際どいマッサージをしたのではないだろうか……そんなことを考えていると、藤野さんはこう言ったのです。

「私みたいなオバサンに感じてくれたんでしたら、すごくうれしいです。よかったらこっちのこりもほぐさせていただければ……ですから、手をどかしてください」

「え、いや、そんな……」

目をつぶったままの私は、ほんとうに夢を見ているような気分でした。

それでも目を開けられずに、おずおずと股間から手を離すと、彼女が私の腰に跨るようにして、正面からおおい被さってくるのがわかりました。すると藤野さんの股間が、ユニフォームのパンツ越しとはいえ、私の勃起に密着してきたんです。

「あぁ、すごく硬くて……熱いです」

普通のマッサージで下品にも勃起させてしまったことを責められるのではなく、そんな展開になるなんて、私の心臓は口から飛び出しそうなほど高鳴りました。

「でも、あの……藤野さん」

私がゆっくりと目を開けると、彼女の顔が目の前にありました。

瞳がしっとりと潤《うる》んで、耳や首筋まで紅潮していました。

「いつも、こんなことしてる女だと……思わないでくださいね。今日は感情が不安定というか、お客さまが、亡くなった主人に似ているからかもしれません」

そう言うと私の頬を両手で押さえつけて、ゆっくりと唇を重ねてきたんです。

「んぐ、んぐぐ、はあぅ」

密着した藤野さんの唇は、とろけそうに柔らかくて、ねっとりと湿っていました。

「はっ、はぅ、クチュ、ジュルッ」

藤野さんは女らしい顔を右に左に傾けて、半開きの唇をこすりつけてきました。

「むふぅ、グジュッ、ジュ、ブジュゥ」

二人の口元で、お互いの唾液が混じり合いました。

「んぐ、んぐぐ、はあぅ」

藤野さんの舌が私の唇をこじ開けるようにして、口の中にヌメヌメと忍び込んできました。歯茎の裏を舐めつけて、円を描いて舌に絡みついてきたんです。

その間ずっと藤野さんの股間は、密着した私の勃起をマッサージするようにこすっていました。パンツ越しだというのにいやらしい柔らかさが伝わってきました。

やがて藤野さんがチュプっと口を離して、こう言ったんです。

「お客さま、口を開けていただけますか」

私はよくわからないまま、大きく口を開けました。

すると藤野さんは濡れた視線を真っ直ぐ私に向けたまま、ポッと唇を開いて舌をとがらせました。その舌を伝って唾液がトロトロと私の口の中に滴《したた》り落ちてきました。

その倒錯的な行為に興奮して、私がのどを鳴らして藤野さんの唾液を呑み込んでいると、いきなり股間に強烈な刺激が走りました。

「あぅッ！」

藤野さんが右手を股間に伸ばして、私の浴衣をかき分け、ボクサーパンツの上から勃起したペニスをギュッと握ったんです。

「……あぁ、大きい」

一人言のようにつぶやくと、握ったペニスをグイグイとしごきながら、藤野さんは体を移動させていきました。そして私の脚の間に身を埋《うず》めたんです。

「ほんとうに、こんなことするつもりじゃ……なかったんですよ」

そう言いながら藤野さんがボクサーパンツをまくりおろすと、恥ずかしげもなく私のペニスはそそり立ちました。

「あんっ、すごい……すごく元気です、お客さま」

両手の指でペニスの幹を挟み、硬さを確かめるように、グッ、グッと押し込んでいました。そのまま紅潮した顔を近づけて、今度は亀頭に唾液を滴らせたんです。

生温かい唾液が亀頭からカリ首を伝って、根元まで濡らしていきました。

「ああっ、そ、そんなこと……」

私はあまりのことに全身から汗が噴き出しました。そんな私を逆撫でするように、藤野さんがペニスをなで回して唾液を全体にまぶしつけました。そのまま包むように握って上下に動かすと、グチャグチャとねばった音が響きました。

「あっ、はふぅ、ううんっ」

私は思わず女の子のような声を洩らしてしまいました。

「フフ、感じやすいんですね」

うれしそうに微笑んだ藤野さんは、ペニスを両手で握って、大きく上下にしごいてきました。彼女が手で作ったヴァギナをペニスが貫いているようでした。

「ああうっ、そんなふうに……あ、すごッ」

グチャッ、グチャッ、グチャッ……リズミカルにペニスをしごきながら、藤野さんは顔を近づけて裏筋を舐め上げました。何度も何度も舐め上げました。

「う、くっ、そんなに……あくうっ」

小刻みに全身をふるわせながら私が訴えると、今度は亀頭をヌメッと咥えてしまったんです。そのまま唇がペニスの幹を下って、いやらしく往復しはじめました。ジュブッ、ジュブッ、ジュブッ……ビジネスホテルの部屋に淫らなフェラチオの音が響き渡りました。藤野さんの口の中では舌がカリ首を舐め回していました。吸引の強さを物語るように頬が大きく窪んでいました。

「ぐぅっ、気持ちいいぃ」

快感に喘ぐ私を、彼女は狂おしい表情で見つめていました。

「そんなにビクビクしちゃって……うれしいです」

そう言ってヘアバンドをはずし、髪をまとめていたゴムもはずすと、ロングヘアがファサッと広がって、藤野さんの女らしさが倍増しました。

その髪を切なげに揺らしながら、四つん這いになって突き上げたヒップを、ゆっくりと私の頭に近づけてきました。

そのまま片足を宙に浮かして、犬がおしっこをするような格好で私の頭を跨《また》ぐと、藤野さんの濡れたヴァギナが目の前に迫ってきました。いつの間にユニフォームのパンツとショーツを脱いだのか、下半身はすっぽんぽんだったのです。

「私のも、舐めて……もらえますか」

女性上位のシックスナインで丸見えになったヴァギナは、生き物のようにうごめく小陰唇が愛液を垂らして、膣口とアナルが交互に呼吸するように収縮していました。

「あぁ、藤野さん……グチャグチャです」

「そ、そんなこと言わないで……はやく舐めて、ください」

小陰唇を左右に広げると、誰が見てもわかるほどクリトリスがこり固まっていました。私はそのクリトリスを舌に乗せるようにして、いきなり舐め上げました。

「あっ、ひいっ！」

鼻で吸引しながら、とがらせた舌で何度も弾きつけました。

「うぅッ、す、すごい」

むっちりとした下半身をうごめかせて、藤野さんが私の口に陰部をこすりつけてきました。

「そこそこ、舐めて……いっぱい舐めて」

搾り出すように言いながら、藤野さんも再びペニスをしゃぶりはじめました。唾液ごと吸い込むようなバキュームフェラで、大きい粘着音を響かせたんです。

私たちは競うように、お互いの性器を舐め合ったんです。お互いがお互いを挑発するように陰部をむさぼりながら、浴衣とユニフォームを脱いで全裸になりました。

藤野さんの豊満な女体に、私の興奮は頂点を突き抜けたような気分でした。

彼女のいやらしい腰つきが止まらなくなりました。二人の体から大量の汗がしみ出して、ヌルヌルのシックスナインのフェラとクンニが続きました。

「ダメダメ、おかしくなっちゃいます」

藤野さんがせっぱ詰まったように発して、体を時計回りに回転させました。女性上位で正面から私におおい被さった彼女が、問いかけてきました。

「い、入れてもいいですか？」

「は、はい、もちろん……」

右手を伸ばしてペニスの幹を握った藤野さんは、亀頭をコントロールして、自分の膣口を探っているようでした。

「あぁ、ここ……入れますよ」

むっちりと熟れたヒップが、ゆっくりと沈み込んできました。

出張先のビジネスホテルで、今日初めて会った女性マッサージ師と最後の一線を越えようとしていることに、私は頭の血管が切れそうなほど興奮しました。

「んん、硬い……お客さま、硬いです」

藤野さんが腰を落とすにつれて、パンパンの亀頭が膣粘膜の中に、ヌルッ、ヌルッと入っていくのがわかりました。すると彼女は、ペニスの幹を握ったまま、豊満なヒップを上下に動かしはじめたんです。

「あぁっ、入り口が……気持ちぃぃ」

いやらしく腰を使って、亀頭だけの出し入れを繰り返しました。唇を半開きにしたその淫らな表情は、最初に見た彼女とは別人のようでした。

「あぁう、それじゃあ、奥まで入れますね」

そう言って藤野さんは上から私の頭を抱き締め、腰をグッ、グッと振りつけてきたんです。むっちりと私の腰周りに密着した彼女のヒップが、何度もピストンの出し入れを繰り返してから、深く入れたまま大きく円を描きました。

「んんぁ、おっきい……奥までいっぱいです」

私のペニスの隅々にまで、淫らな腰使いが伝わってきました。それがさらに激しくなって、深く入ったままの亀頭が、膣の奥でもみくちゃにされました。

「いいッ、すごい、気持ちいいです！」

彼女が豊満なお尻を上下させたり、回転させたりするたびに、挿入部分からジュブッ、ジュブッと濃厚な愛液の淫らな音が聞こえてきました。

「いやらしいぃ、腰が勝手に動いちゃうんですぅ」

女性上位でギュッと私の頭を抱き締めたまま、藤野さんはエロチックに腰だけを動かしました。お互いの体温と興奮で次々と噴き出す二人の汗が、まるでエッチなローションのように混じり合って、大きく柔らかい藤野さんの乳房が、私の胸板をマッサージするように、ヌルッ、ヌルッとすべっていました。

「お客さん、もっと！」

そう叫んで、藤野さんはロングヘアを振り乱しました。

それから両手で私の頬を包むようにして、顔面にナメクジのように舌を這い回らせてきました。目も鼻も耳もベチャベチャになるほど舐められました。

「はぁう、しょっぱい」

彼女の大胆な行動に、私のペニスは膣の中でさらにみなぎりました。

「私のオマ○コは、気持ちいいですか？」

「えっ……え、ええ、すごくエッチな入れ具合です」

「ああっ、そんな……興奮しちゃう！」

吐き出すように言った藤野さんがググッと上半身を起こして騎乗位になりました。

「ああっ、すごい……奥に当たってるぅ」

そして、まさに騎手のように腰を上下させてきました。熟した果実のようにたわわな乳房が弾んで見えました。閉じたり開いたりする太ももが私の脇腹を締めつけてきました。ムチッ、ムチッとのしかかってくるヒップの量感がたまりませんでした。

「エッチなオマ○コで、いっぱいマッサージしてあげる」

そう言うと今度は、ウエストが折れそうなほどヒップを前後させたんです。

「いいっ、これ、私が気持ちいいっ！」

騎乗位の激しい腰つきが止まらなくなりました。

「お客さん、胸をさわって！」

私は言われるまま両手を伸ばして、彼女の乳房をもみました。マシュマロのような感触、指が根元まで埋まってしまうような柔らかさでした。

「もっと……激しく、して」

力を入れると、指の間からニュルッ、ニュルッと乳房の肉がはみ出しました。

「あっ、あんっ、乳首も、乳首もイジって」

左右同時につまんで転がすと、騎乗位の上半身がビクビクっと弾みました。

「いいっ、もっと強く、ギュッって」

親指と中指で挟んで、勃起した乳首がつぶれるほど力を込めました。

「痛っ、あぁぁっ、もっとぉーっ」

藤野さんは痛みと快感の入り混じった表情で震えるように全身を痙攣させました。

深々と埋まったペニスを膣粘膜がイソギンチャクのように締めつけて、強烈な収縮を繰り返していました。そのまま精液が吸い取られそうでした。

「す、すごいよ……藤野さんのオマ○コ」

私がうめくように言うと、目を見開いた彼女がガバッとしがみついてきました。

それから私の耳元で、「お客さんがオマ○コとか……興奮しちゃう」とささやいて、横にグルリと回転したんです。深く入れたまま二人の上下が逆さになりました。

「最後はお客さんが、オマ○コ責めて！」

私は彼女の両脚を肩に担ぐ屈曲位になって、腰を打ちつけるように動かしました。腕立て伏せのように両腕を突っ張り、グイグイと尻の筋肉で突き入れたんです。

「あうっ、そう、いっぱい突いて！」

精いっぱいの腰つきでヴァギナを貫くうちに。私の顔面から噴き出した汗が、藤野さんの顔に滴り落ちました。あおむけの乳房がババロアのように揺れていました。

「あッ、あうッ……オマ○コ、壊れそう」

私も彼女も、全身に滝のような汗が流れていました。上から突き入れる私に合わせるように、藤野さんも下から腰をしゃくり上げてくれました。

「イクイク、お客さん、私、イッちゃうぅ」

私も、もう限界でした。ペニスの中を大量の精液が駆け上がってきました。

「むぐっ……俺も、出る！」

勢いよく腰を突きおろすと、尿道口を突破するように飛び出していきました。

「ああっ、当たっ……すごい、イックウゥッ」

「んぐっ、くうっ、止まらない。どうしてこんなに……」

あきれるほど長く射精が続きました。まるで二十代に戻ったようでした。

二発目、三1発目と続けざまに、精液のかたまりが膣の奥を打ち抜きました。

ようやく打ち込みが終わると、藤野さんが全身をビクッ、ビクッと弾ませながら下から抱きついてきました。そして私の耳元で甘えるようにささやいたんです。

「ありがとうございました、お客さま」

こんなことはめったにないことだというのはわかっているんですが、これから出張先でマッサージ師さんを呼ぶとき、女性をお願いしてしまうかもしれません。

半年先の札幌出張まで我慢できませんから……。

# 夫が酔いつぶれている隙にその部下を誘惑し熱くて硬いペニスで突きまくられて……

須崎江里　専業主婦・四十七歳

夫が部長に昇進すると同時に一人息子が大学進学で上京し、毎日の生活が一変しました。

もともと責任感の強い性格のせいか、帰宅時間が午前様になる日や夫の部下たちを家に招待する機会も増え、週末になると、その対応でてんやわんやの日々を過ごすようになったんです。

その中に、関口《せきぐち》さんという三十二歳の男性がいました。

とてもまじめでおとなしく、夫と同じ大学出身ということから特別かわいがっており、彼だけを家につれてきては泊まらせることもたびたびありました。

そんなある日、関口さんが仕事で大きなミスをしてしまい、ひどく落ちこんでいるという話を夫から聞かされ、やるせない気持ちになりました。

彼ってどこか母性本能をくすぐり、放っておけないという気持ちにさせるキャラクターなんです。

関口さんが家を訪れる機会がなくなってから、三カ月ほどが過ぎたころだったでしょうか。泥酔した夫が、彼の肩を借りて帰宅したときのことです。

夫は「おい、関口、今日は泊まっていけ」とひと言だけ告げ、寝室に入ってぐうぐう寝てしまいました。

「関口さん、今日は遅いし、ほんとうに泊まっていって」

「いえ、今日は帰ります」

「じゃ、ちょっとだけ……話、いいかしら？」

「は？　あ、はい、それでは、ほんの少しだけ」

私は帰ろうとする彼を引き留めてリビングに招き入れ、お酒を出して話し相手になりました。

「このたびは、私のせいで、部長にまでご迷惑をおかけしてしまって申し訳ありませんでした」

「須藤《すどう》は、全然気にしてないわ。それよりも、家に来なくなったから、そちらのほうを心配してたの」

「すみません。ちょっと敷居が高くなってしまって……」

「遠慮する必要ないじゃないの。須藤はあなたのこと、弟のようにかわいがってるんだから」

「ありがとうございますっ！」

ミスの内容は詳しく聞いていなかったのですが、よほどのストレスを抱えていたのでしょう。彼は突然涙ぐみ、鼻を啜り上げました。

子どものように泣きだす彼を見ていたら、胸がキュンとしてしまい、私はとなりの席に移動し、無意識のうちに抱き締めてしまったんです。

「大丈夫、大丈夫よ」

頭をなでているうちに、私がどうにかしてあげなければという気持ちに変わりました。

もちろんそれは単なる言いわけで、以前から関口さんを異性として意識していたのだと思います。

「あ、あの……」

唇を寄せた瞬間、関口さんはハッとして私を見つめました。

「いいの、何も言わないで」

「そ、あ……」

なぜあんな大胆なマネができたのか、いまだに信じられません。あのときの部長の妻なら断れないだろうという打算も働いたのかもしれませんが、私は後先など考えられず、自分の気持ちだけに衝き動かされていました。

唇を重ね合わせると、私の中の女が目を覚まし、子宮の奥が疼きました。

関口さんもかなり飲んでいたらしく、顔がトマトのように真っ赤になり、その表情がまたかわいくて、もはや自分を止めることはできませんでした。

熱い息が口の中に吹きこまれ、腕に添えられた手に力が込められました。

首筋から立ちのぼる熱気がはっきり伝わり、舌を絡めると、体の中心部がカッカッとほてりだしました。

唾液を吸い合ってから唇を離したとき、私の顔もかなり紅潮していたのではないかと思います。

「私が慰《なぐさ》めてあげるから、元気を出して」

「で、でも……」

「大丈夫よ。あの人、一度寝たら、朝まで起きないタイプだから」

そう告げて再び唇を押しつけたとたん、彼は私にすがりつき、自ら舌を差し入れてきたんです。

大きな手が背中やヒップをなで回し、あそこから熱い潤《うる》みが溢れ出しました。

「う、んっ、ふっ」

激しいディープキスで互いの性感を高めながら、私は彼の右側の太ももの上に腰かけました。

股のつけ根を押しつけただけで心地いい性電流が身を駆け抜け、恥ずかしい液がショーツを通してにじみ出してしまうのではないかと思ったほどです。

ヒップをかすかにくねらせつつ、薄目を開けて様子をうかがうと、スラックスの中心部は早くも小高いテントを張っていました。

関口さんも昂奮している。その事実を知った私は我を失い、股間に手を伸ばして熱い昂《たかぶ》りを握りしめました。

「お、ふっ」

若いだけにペニスは布地が張り裂けそうなみなぎりを誇っており、彼も完全に火がついたのか、スカートをたくし上げてヒップをもみしだきました。

「んっ、んっ、んふぅ」

実は主人とはもう三年近くも夫婦の営みがなく、欲求不満が溜まっていたのかもしれません。

お尻をもまれるたびに愛液が滾々とこぼれ出し、凄まじい淫情が理性を吹き飛ばしました。

しかも関口さんは足を上下に揺らし、右手を前方に回して過敏な箇所を責めたててきたんです。

ショーツの上からとはいえ、クリットはジンジン疼いている状態で、指先でそっとなでられただけで、軽いアクメに達しそうな快感に襲われました。

「ん、はぁあぁぁっ」

私は身を起こすや、床に下り立ち、腰を落としてベルトをゆるめました。

「あ、あ、お、奥さん」

さすがにまずいと思ったのか、関口さんは困惑げに身をよじりましたが、彼の言葉はまったく耳に入らず、私はホックをはずしてジッパーを引きおろしました。

「お尻を上げて」

「ま、まずいですよ」

「いいの、早く」

ややきつめの口調で指示を出すと、臀部が椅子から浮き、スラックスをボクサーブリーフもろとも引っぱり下げてしまったんです。

いきり勃《た》つペニスが弾け出した瞬間、あまりの逞しさに目を丸くしました。

パンパンに張りつめた亀頭、真横に突き出たカリ首、胴体には無数の静脈が浮き立ち、ビンビンに反り返っていました。

関口さんはよほど恥ずかしかったのでしょうが、汗といやらしい匂いがぷんと香り立ち、乳首が一瞬にして硬くしこりました。

夫のペニスと比べると、優に一回り、いや、二回りは大きかったのではないかと思います。

ペニスの裏側には太い芯が入り、私は知らずしらずのうちに生唾を飲みこんでいました。

「お、奥さん……は、恥ずかしいです」

「だめよ、もっとよく見せて」

股間を隠す手を払いのけ、勃起したペニスを見つめていると、胸が妖しくざわつきました。

「あうっ！」

両手でそっと包みこんだだけで、関口さんは身をのけぞらせ、その姿がまた私の中の女をくすぐりました。

「大きくて、硬いわ」

そう言いながら、今度は手のひらで陰嚢から裏側を優しくなで上げれば、彼は太ものの筋肉をひきつらせ、捨てられた子犬のような視線を向けてきたんです。

胸をときめかせた私はペニスを頬と唇にすりつけ、ふしだらな匂いを嗅ぎまくりました。

そのたびにあそこが疼き、愛液が絶え間なく溢れるほど欲情してしまったんです。

「はっ、んっ、ふっ」

鼻から甘ったるい息を放ち、私は根元を握りしめながら舌先でペニスの裏側や根元に舌を這わせました。

「あ、おおっ」

関口さんがうめき声をあげるなか、唇をすぼめて大量の唾液を滴《したた》らせると、ペニスはますますいななき、鈴口から先走りの液がにじみ出しました。

私は透明な粘液を舌で掬い、真上からゆっくり呑みこんでいったんです。

「あ、ほぉっ」

しょっぱい味覚が口の中に広がりましたが、なつかしい匂いと味に昂奮し、ペニスを目いっぱい咥えこみました。

極太のペニスは根元まで入らず、三分の二ほどでむせ返り、私は顔をゆったり引き上げました。そして、軽やかな顔の打ち振りで胴体をしごいていったんです。

くぷっくぷっと唾液の跳ねる音が洩れ聞こえるたびに性感は上昇していき、関口さんの荒々しい息も頭上から響きました。

「はあはあはあっ」

「んっ、ふっ、んっ、ふっ！」

頬をペコンとへこませ、吸引力を上げて唾液ごと啜り上げると、ペニスはのたうち回り、今度は前触れ液独特の苦い味が鼻腔を突きました。

頭の芯をしびれさせた私は片手を股ぐらに忍ばせ、ショーツを脇にずらしてクリトリスに刺激を与えました。

とにかく気持ちがよくて、指のスライドはどんどん速くなっていきました。

ところがエクスタシーの波が打ち寄せはじめるころ、関口さんは私の頭に手を添え、フェラチオを強引にストップさせたんです。

「奥さんばかり、ずるいですよ」

彼は口からペニスを抜き取り、私の腕をつかんで椅子から立ち上がりました。

「座ってください」

「私は……いいの」

「いいから、座ってください」

羞恥心から抵抗したのですが、男の人の力には敵《かな》いません。

関口さんは体位を入れ替え、私を無理やり椅子に座らせました。そして腰を落とし、私の足を左右に割り開いたんです。

「だ、だめっ」

ショーツは脇にずれたままの状態だったので、身が裂かれそうな恥ずかしさに顔が熱くなりました。

おそらく、オナニーしていたことは気づかれたのではないかと思います。

関口さんは布地をさらにずらし、女の園を穴の開くほど見つめました。

「や、やっ」

あわてて股間を隠そうとした手を、彼はわしづかんで制しました。

「私が隠したときは、手を払いのけましたよね」

そう言いながら、ギラギラした眼差しを大切な箇所に浴びせてきたんです。

「す、すごいや、こんなに濡れて」

「いや、いやっ」

「お尻の穴のほうまで垂れちゃってますよ」

いやらしい言葉を投げかけられるたびに女芯がひりつき、愛液が無尽蔵に溢れ出しました。

「……ひっ」

節ばった指が伸び、肉の突起をなでつけられた瞬間、性電流が背筋を這いのぼり、私は大きくのけぞりました。

関口さんはすかさず唇を押しつけ、スリット沿いをベロベロと舐め回してきたんです。舌先は目にもとまらぬ速さで上下し、膣内粘膜からクリトリスをまんべんなく刺激しました。

「あ、ひぃぃっ」

「おいしい、奥さんのマン汁、おいしいですよ」

「や、やぁぁっ」

あのときは頭の中が真っ白になるほどの快感で、私は意識せずとも金切り声を放っていました。

三十二歳という年齢を考えれば、それなりの経験はあって当然ですよね。

彼は唇をすぼめ、陰唇をクリットごと口の中に引きこみ、チューチューと派手に吸いたてました。

「あっ、あっ、やっ、はあぁぁっ」

脳天を白い稲妻が貫き、全身が浮遊感に包まれました。わずか一分程度の口戯で、私はなんともあっけなく昇天してしまったんです。

快感のうねりが何度も打ち寄せ、失神してしまうのではないかと思うほどの気持ちよさでした。

「はあはあ、我慢できません。立ってください」

関口さんの声が耳に入らず、絶頂感に酔いしれるなか、腕をつかまれて強引に引き起こされました。

そしてまたもや体位を入れ替え、彼が椅子に腰かけると同時にいきり勃《た》つペニスが頭をヴンヴン振ったんです。

「上に乗ってください」

関口さんの指示にあらがえず、私は言われるがまま腰を跨《また》がり、勃起に手を添えてヒップを沈めていきました。

隆々と反り勃つペニスの先端が膣穴にあてがわれ、続いて強烈な圧迫感が襲いかかりました。

大きなペニスが入るのだろうかという不安はあったのですが、いまさらあとには引けず、ヒップを恐るおそる落としていったんです。

「ん、ん、んぅ」

陰唇が割り開き、張りつめた先端の肉実が膣内に侵入してきました。

「……くうっ」

カリ首が引っかかってかすかな痛みが走ったのですが、ペニスが膣口をくぐり抜けると、勢い余ってズブズブと差し入れられ、とたんに目も眩《くら》むほどの快美が全身を貫きました。

「ひっ!!」

亀頭の先端が子宮口を叩いた直後、関口さんはヒップに手を回し、下から腰をこれでもかと突き上げてきたんです。

バチーンバチーンと、高らかな音が室内に反響しました。めくるめく快感が頭の中を駆け巡り、理性が一瞬にして遥か彼方に吹き飛びました。

「あっ、やっ、やあぁっ」

「ああ、奥さんの中、あったかくてとろとろで気持ちがいい。チ○ポがとろけちゃいそうです」

「だめっ、だめっ、だめっ」

「何が、だめなんですか？　奥さんのおマ○コ、ギューギューに締めつけてますけど」

関口さんは鼻息を荒らげ、さらなるピストンで膣肉をえぐり回しました。

ペニスが反り返っているせいか、えらの張ったカリ首が膣前庭の快感スポットを強烈にこすり上げてきたんです。

スタミナもすごくて、高速ピストンは延々と続き、その間に何度もエクスタシーの波にさらわれました。

「ああ、いいっ、いいわぁ」

もっと大きな快感がほしくて、私はいつの間にか腰をバウンドさせていました。

いまから考えるとほんとうにはしたないと思うのですが、久しぶりの激しいセックスに正常な思考がまったく働かなかったんです。

「ぐ、ぐおっ」

「はあ、はあ、気持ちいい」

「お、奥さん、そんなに激しくしたら……」

「いいわ、イッて」

「いいんですか？」

「いいの、中にたくさん出してっ！」

「おわっ！」

ヒップを大きく回転させると、関口さんは奇妙なうめき声をあげ、こめかみの血管をふくらませました。

私はさらに腰のスライドを加速させ、膣肉で逞しいおチ○チンをこれでもかと引き絞ってやったんです。

「お、おおっ、イクっ、イキそうです」

「私もイキそう、いっしょにイッて」

ここぞとばかりにヒップを激しく叩きつけると、膣の中のペニスがドクンと脈動しました。

「ああ、イクっ、イクっ」

「私もイッちゃう、イクイクっ、イックぅぅぅっ！」

まぶたの裏で白い光が八方に弾け、身も心もかき回されるような快感が全身を包みこみました。

熱いしぶきを子宮口に受けた瞬間、私は快楽の海に放り投げられ、これまで経験したことのないエクスタシーにどっぷりひたりました。

　こうして夫が二階で寝ているにもかかわらず、私は関口さんと背徳の関係を結んでしまったんです。

　彼とはその日の一回きりで、来訪する機会が増えることはありませんでした。

　これでよかったのだと思う反面、あの日の激しいセックスがどうしても忘れられず、いまは自慰行為で気持ちを発散させているんです。

# 団地住まいの友人の母親に誘惑され熟れた大人の体で筆おろししてもらい……

横森義幸　会社員・四十八歳

もう三十年以上も昔の話です。

私には達也《たつや》という仲のいい幼馴染《おさななじ》みがいました。私の家の近くにある団地に住んでいて、同じ幼稚園に通っていたころからのつきあいです。

彼は幼いころに病気で父親を亡くし、母親と二人暮らしでした。

住んでいる団地も古い建物で、どことなくジメジメして薄暗い雰囲気でした。階段や通路も狭く、人とすれ違うときはお互い体をよけないと通れないほどです。

私は小さなころから、毎日のようにこの団地に遊びにいっていました。

「あらあら、いらっしゃい。よく来てくれたわねぇ」

いつも明るい声で迎え入れてくれたのが、達也の母親の明美《あけみ》さんです。

とてもきれいな人で、私のことをもう一人の自分の息子のようにかわいがってくれました。背は小柄だったものの、大きな胸とお尻が子どもも心にも印象的で、家に帰ってからもよく思い浮かべていました。

明美さんはパートで家計を支えていたので、生活は苦しかったようです。部屋には古びた家電製品や家具しかなく、着ている服も着古したものばかりでした。

母子家庭ということで達也も学校でいじめられることがありました。そういうときは私がかばってやり、いつも二人で遊んでいました。

小学校、中学を卒業し、同じ公立の高校へ進学しても、私たちは相変わらずつるんだままです。

達也には話していませんでしたが、実はこのころには明美さんのことを、はっきりと女として意識していました。

もちろん相手は友だちの母親だし、私のことは相変わらず子ども扱いです。恋愛の対象に見てもらえるはずがないと、はっきりわかっていました。

それでも私にとっては同年代の女の子よりも、すでに四十代の半ばになっていた明美さんのほうがずっと魅力的でした。

昔よりも多少、小じわが増えたものの、見た目はきれいなままです。大きな胸やお尻を気づかれぬようこっそり見つめては、悶々《もんもん》とした思いを抱えながらオナニーで発散する毎日でした。

すると高校二年の夏、思いがけないことが起こりました。

休日の午前中に団地に遊びにいくと、珍しく達也はいませんでした。なんでも親戚の家に出かけ、夕方まで戻らないというのです。

「ごめんなさいね。せっかく来てくれたのに」

「いいですよ。どうせ大した用じゃなかったし。戻ったら来たことを伝えといてください」

申し訳なさそうにする明美さんに、私はそう言って帰ろうとしました。

すると「もう帰るの？　お茶でも飲んでいきなさいよ」と、引き止められてしまったのです。

私もせっかくだからと、テーブルで向かい合ってお茶をご馳走になりました。

とはいえ明美さんと二人きりになることなどめったにありません。何を話していいのかわからず会話も途切れがちです。

「義幸《よしゆき》くん、いつも隆司《たかし》と仲よくしてくれてありがとうね」

突然、明美さんが神妙な態度で言いました。

「小さいころ、あの子がいじめられたときはかばってくれたのよね。母子家庭だから苦労ばかりかけさせて、私もずっとつらかったの。でも義幸くんのおかげで楽しそうにしてるのを見ると、ほんとうにあなたが友だちになってくれてよかったと思うの」

「いえ、そんな」

面と向かって感謝の気持ちを伝えられ、うれしいやら照れくさいやら。

もっとも私が達也と仲よくしている理由の一つは、明美さんにもあるとはさすがに言えませんでした。

そのとき明美さんがなにげなく、着ていたシャツの襟元を直しました。クーラーもない部屋で暑かったせいか上はシャツ一枚の薄着で、ふくよかな胸元がチラリと見えたのです。

思わずドキリとした私に、明美さんはどこを見ていたのか気づいたようです。

「ふふっ。義幸くんもこういうのを意識する年ごろになったんだ。昔は私よりもちっちゃくてかわいかったのに」

と、胸元を隠すどころか、今度は大胆にシャツをめくり上げてきたのです。

ブラジャーに包まれた胸が飛び出してきました。あっけにとられる私に、明美さんはなおも胸を見せつけながら、テーブルを立って私に近づいてきました。

「私の体に興味ある？」

そう単刀直入に聞かれ、私は思わず「は……はいっ」と答えました。

するとは明美さんはシャツを脱ぎ捨て、ブラジャーも目の前ではずしてくれたのです。

現れた胸はとてもふくよかで、大きめの乳輪がプクッと飛び出していました。その中心に乳首が埋もれています。

「昔はもっと張りもあってきれいな形してたのよ。そのころに見せてあげたかったわ」

口を開けて見とれている私に、明美さんが残念そうに言います。

多少形が崩れていても、あこがれだった明美さんの胸です。私にとってはどんなきれいな形の胸よりも魅力的でした。

ようやく私も興奮が一段落し、落ち着いてきました。とはいえ頭の整理は追いつかないままです。胸を見せてくれた明美さんに私はどうすればいいのか、身動きもできず体が固まっていました。

「いいのよ、さわってみても」

明美さんにそう言われ、ようやく私も恐るおそる手を伸ばすことができました。

両手で胸のふくらみをつかむと、肌のやわらかさと温かさが伝わってきます。たちまち頭の中がカーッとなり、夢中で二つのふくらみをもみしだいていました。

「ふふっ、そんなにおっぱいが好きなの？　そういえば小さいころから、ときどきじーっと私の体を見つめていたものね」

まさかそんな昔から気づかれていたとは。子どもとはいえ私がいやらしい視線を送っていることも、うすうす知っていたのかもしれません。

「あの、おっぱい吸ってみてもいいですか」

いちいち聞いてくる私に、明美さんは笑顔でうなずいてくれます。

私は身を乗り出して胸に顔を埋《うず》めると、乳首にむしゃぶりつきました。

「んっ、あんっ……」

私は相手を気持ちよくすることなど考えず、ただひたすら乳輪ごと吸って舐めてを繰り返しただけです。

それでも明美さんはときおり、うっとりした吐息を洩らしていました。口の中で舌を動かしていると、乳首の先が硬くなっているのがわかります。

どれくらいそうしていたのか、私は汗ばんだ甘い匂いに包まれながら、明美さんの胸にしがみついていました。

ようやく胸から顔を離すと、乳輪に埋もれていた乳首がふくらんでいます。唾液に濡れて小指ほどの大きさに飛び出していました。

「見て。義幸くんが気持ちよくしてくれたから、こんなになっちゃったのよ」

自分の乳首を指でつまみながら、明美さんが教えてくれました。まだ高校生だった私は女性の体について知らないことばかりでした。感じると乳首が勃起することもこのとき初めて知ったのです。

「待って。向こうの布団のある部屋に行きましょう」

なおもがっつこうとする私に、明美さんは手を引いて隣の部屋に入れてくれました。そこで布団が敷かれている間も、心臓がドキドキです。

ようやく準備がととのい、私は薄い布団の上に寝かされました。明美さんは私の体を跨《また》いでくると、色っぽい笑みを浮かべながら顔を近づけてきます。

「おばさんもね、たまにはこういうことをしたくなっちゃうのよ」

そう言って私の唇にキスをしてきました。

やわらかくて濡れた舌が、唇を割って入ってきます。ねっとりとした大人のキスに、頭の中がとろけてしまいそうでした。

キスを終えると明美さんは服を一枚ずつ脱いでいきました。洋服と同じように、下着も安っぽい着古した感じのものです。

上半身裸になると、まるで私に見せつけるように、ショーツもするりと脱いでみせました。

その瞬間に股間に広がるヘアが目に入ってきました。女性でもあんなに濃い毛が生えるのかと、童貞だった私には驚きでした。

「まだ、女の人のここは見たことないのよね」

「は、はいっ」

私が何を期待しているのか、明美さんもわかっていたのでしょう。少しためらいがちに、ゆっくりと足を開いてみせました。

「うわぁ……」

思わず声が洩れます。生まれて初めて目にした女性のあそこに息を呑みました。ぱっくりと割れた亀裂から、大きく広がったビラビラが顔をのぞかせています。内側はきれいなピンク色なのに、そこだけくすんだ色をしていました。

好奇心のかたまりだった私は、指でビラビラを広げ、さらに奥をのぞき込みました。あそこの中はうっすらと濡れています。ツンとくる甘ずっぱい匂いもして、ますます私の興奮をかき立てました。

「もう。そんなにジロジロ見られると恥ずかしいじゃない」

顔を近づけて夢中で観察する私に、明美さんが困ったように言いました。

とはいえ、隠そうともせずに濡らしていたのだから、私に見つめられて興奮していたのかもしれません。

「この穴は？」

「そこは赤ちゃんが産まれてくる場所。ちっちゃくてもいっぱい広がるのよ」

「じゃあ、こっちは？」

「そっちはおしっこの穴。女の人は別れてるの」

何も知らない私のために、明美さんは先生のように教えてくれました。

その間に私は見るだけでなく、あちこちさわらせてもらいます。ビラビラは引っぱってみると意外に伸びて、指を入れた膣は湿ってぬるぬるしています。

ときおり明美さんは「ああっ……んっ……」と喘いで、お尻を揺らしていました。

「ここがいちばん気持ちいいの」

そう教えてもらったのは、あそこから飛び出した小さな突起です。

「あんっ……！」

なにげなくつまんでみると、それまでよりも大きな声で反応しました。

コリコリと指先で転がしたり、皮を剝いて中身をいじってみても、明美さんは気持ちよさそうに喘いでくれます。

女の人ってこんな小さな豆が感じるんだ……と、私は驚いていました。見るものさわるものがすべて新鮮で、飽きることがありません。

たっぷり女性の体を教わったあとは、明美さんが私の服を脱がせました。

ズボンも脱いで裸になると、勃起したペニスがいまにも破裂しそうになっています。

明美さんはそれを目にして、しみじみと「ずいぶん立派になったのねぇ」と言いました。まるで子どもの成長を確かめる母親のようでした。

「おばさん、久しぶりだから体がもう忘れちゃってるかも。なんだか初夜みたいでドキドキしちゃうわ」

明美さんも私と同じように、かなり興奮しているようです。布団の上に横になり、私の体にぴったりと寄り添いながら、股間に手を伸ばしてきました。

「ふふっ、こんなに硬くしちゃって。溜まってるの？」

いやらしく言いながら、ペニスを握ってなで回してきます。

ソフトな愛撫でしたが、なでられているだけで発射してしまいそうでした。なによりも自分の手ではなく、明美さんの手というだけで何倍もの刺激があります。

「じゃあ、次は口でしてあげる」

「えっ、口？」

私がそう聞いてすぐ、明美さんはペニスに舌をこすりつけてきたのです。

「これがフェラチオっていうの。気持ちいいでしょう」

ただ舐めるだけではありません。口に含むと、優しく吸い込みながら唇を締めつけてきたのです。

私は口の中の温かさと、なめらかな舌の感触にゾクゾクしました。

最初は少しくすぐったかったものの、すぐにとろけるような気持ちよさに変わってきます。舌が裏筋に這うたびに、快感が跳ね上がりました。

「やべっ、もう……」

「えっ、そんなに我慢できないの？」

私のあわてようを見て、それ以上はやめておいたほうがいいと思ったようです。口を離すと、替わりに私の体を自分の下半身へ導きました。挿入しやすいように足を開いて待っています。

「い……いいんですね？　入れても」

あらためて確認するまでもなく、明美さんはうなずいてくれました。

「あせらないで最後までしっかりね。おばさんがちゃんと受け止めてあげるから」

入れる前に声をかけてくれたのは、初めてで緊張する私を気遣ったのでしょう。おかげで私も変に気負わずに、明美さんの体に挑むことができました。狙いをつけて慎重にペニスをあてがい、ゆっくりとあそこの奥へ押し込みます。

にゅるっ、と濡れた穴が私を包み込みました。

「うっ……おおっ！」

奥まで入れてしまうと、強烈な刺激が襲ってきました。

膣の感触はやわらかくて窮屈です。それもキツい感じではなく、ペニスにしっとりと食いついてくるようです。

「ああっ、すごいっ。こんなの久しぶり……」

明美さんも私に貫かれ、うれしそうに腰を下から押しつけてきます。

その動きだけで、中のペニスがクイクイとこすり上げられ、こらえきれなくなりそうです。

私はしばらく動かずに快感に耐え、波が通り過ぎるのを待ちました。

「もう、おばさんをじらさないで」

ところが明美さんが待ちきれずに、自分から腰を揺すってくるのです。

「あっ、ダメですよ、そんなにされると……」

「我慢なんてしなくていいのよ。せっかく初めてなのに、もったいないでしょう」

確かにこのままおとなしくしていても、大して動かずに終わってしまいそうです。

それならばと、私は開き直って一気に腰をぶつけることにしました。

「あっ、ああっ！　そう、それでいいの……もっとおばさんのこと、いっぱい抱いてちょうだいっ」

ペニスを強く押し込むたびに、明美さんは悶えています。いつものきれいな顔が、別人のようにいやらしくなっていました。

私もぬるぬるの穴に何度も搾り上げられ、快感が何倍にもなって襲ってきました。

「出るっ、ああ、出るっ！」

もう我慢できない。そう思ったとき、私はこれまでよりも強くペニスを突き入れていました。

明美さんのいちばん深い場所に届くと、次の瞬間には射精がはじまっていました。

私はそのまま動かなくなり、じっと快感にひたりました。

「ああっ……！」

明美さんも私の背中に手を回しながら、射精を受け止めています。

お互いにきつく抱き合ったまま、しばらく身動きをしませんでした。ようやく腕の力をゆるめられても、私はペニスを抜かずに射精の余韻にひたったままでした。

それから私と明美さんは、達也の目を盗んで関係を続けました。

高校を卒業後、私は地方の大学へ進学しました。達也は地元の中小企業に就職が決まり、離ればなれになりました。

やがて私が地元に帰省したときに顔を合わせる程度のつきあいになり、達也と明美さんは突然団地から引っ越してしまったのです。

あれから数十年、私はすっかり頭の白くなったおじさんです。達也と連絡を取り合うこともなくなりました。

あの古い団地もすでに取り壊され、大きなマンションが建てられています。

私はそこを通るたびに、遠い青春時代をなつかしく思い出すのです。

◉読者投稿手記募集中！

素人投稿編集部では、読者の皆様、特に女性の方々からの手記を常時募集しております。真実の体験に基づいたものであれば長短は問いませんが、最近のSEX事情を反映した内容のものなら特に大歓迎、あなたのナマナマしい体験をどしどし送って下さい。

●採用分に関しましては、当社規定の謝礼を差し上げます（但し、採否にかかわらず原稿の返却はいたしませんので、控え等をお取り下さい）。

●原稿には、必ず御連絡先・年齢・職業（具体的に）をお書き添え下さい。

〈送付先〉
〒101-8405
東京都千代田区神田三崎町2－18－11
マドンナ社
「素人投稿」編集部　宛

## ◉新人作品**大募集**◉

マドンナメイト編集部では、意欲あふれる新人作品を常時募集しております。採用された作品は、本人通知のうえ当文庫より出版されることになります。

**【応募要項】**未発表作品に限る。四〇〇字詰原稿用紙換算で三〇〇枚以上四〇〇枚以内。必ず梗概をお書き添えのうえ、名前・住所・電話番号を明記してお送り下さい。なお、採否にかかわらず原稿は返却いたしません。また、電話でのお問い合せはご遠慮下さい。

**【送付先】**〒一〇一-八四〇五 東京都千代田区神田三崎町二-一八-一一 マドンナ社編集部 新人作品募集係

# 禁断《きんだん》レポート《れぽーと》 イキまくる《いきまくる》熟女《じゅくじょ》たち《たち》


編者◉素人投稿編集部【しろうととうこうへんしゅうぶ】

発行◉マドンナ社

発売◉二見書房 東京都千代田区神田三崎町二-一八-一一
電話 〇三-三五一五-二三一一(代表)
郵便振替 〇〇一七〇-四-二六三九

印刷◉株式会社堀内印刷所 製本◉株式会社村上製本所 落丁・乱丁本はお取替えいたします。定価は、カバーに表示してあります。

ISBN978-4-576-19203-1 ◉Printed in Japan ◉© マドンナ社